KB157553

카페 바리스타
CAFE BARISTA

Content

01

커피학 개론

커피이론

커피란

커피나무의 열매를 볶아서 간 가루. 카페인을 함유하고 있으며, 독특한 향기가 있어 차의 재료로 널리 애용되고, 과자나 음료수의 복합원료로 많이 사용된다.

커피 열매는 커피벨트(cofffee belt) 혹은 커피존(coffee zone)이라고 하는 남위 25도에서 북위 25도 사이의 아열대 지방에 위치한 15여 개국(유럽 제외)에서 생산된다.

우리나라의 식품 기준과 규격을 수록한 공정서인 『식품공전』에는 커피를 '커피 원두를 가공한 것이거나 또는 이에 식품 또는 식품첨가물을 가한 볶은 커피, 인스턴트 커피, 조제 커피, 액상커피'로 정의하고 있다.

커피의 어원

아랍어 카화(Qahwah) 또는 카파(Kaffa), 터키어 카베(Kahve)로서 힘을 뜻하며, 에티오피아의 산악지대에서 기원한 것으로 알려져 있다. 아랍어 카화(Qahwah)는 와인을 의미하는데 그 이유는 와인 또한 커피와 같이 심장을 빨리 뛰게 하며, 또한 이뇨작용을 활발하게 하기 때문이다. 영국에 커피가 전해지고 10여년 이 지난후 헨리 블런트경(Sir H.bloumt)이 처음으로 '커피(Coffee)'란 단어를 사용하면서 오늘날에 이르게 되었다.

커피의 전설

1. 칼디의 전설

에티오피아 커피 기원설의 대표인 칼디의 전설은 17세기 이탈리아의 동양학자 파우스테 나이로니가 쓴 글을 바탕으로 구성되었다. 기원전 6~7세기 경, 아프리카 에티오피아 남서부의 고원에 염소를 돌보는 목동 '칼디'가 살고 있었다. 어느 날부터인가 염소들이 잠도 자지 않고 흥분한 모습을 보이자 이상하게 여긴 칼디는 염소들을 자세히 관찰하였다.

커피이론

그리고 어떤 나무의 빨간 열매를 먹고부터 염소들이 그런 행동을 보이는 것을 알게 되었다. 칼디도 그 빨간 열매를 먹어보았는데, 기운이 솟고 몸도 가뿐해지고 기분이 좋아지는 것을 느낄 수 있었다. 칼디는 이 사실을 사원의 승려들에게 알려주었는데, 처음 승려들은 이것이 악마의 열매라 하여 꺼렸으나, 이를 음료로 달여 마시면 기도할 때 졸음을 막아주고 생활에 활기를 불어넣어 준다는 사실을 알게되어 점차 이 음료를 고귀한 신의 선물로 여기게 되었다고 한다. 이 빨간 열매가 커피체리이고, 졸음을 막아주는 음료가 커피의 기원이 된 것이다.

2. 오마르의 전설

칼디의 전설과는 달리 아라비아의 이슬람교 승려가 발견하여 예멘의 모카 지역 커피 기원설을 주장하는 전설이다. 6세기경 아라비아의 승려 '셰이크 오마르'는 기도와 약으로 사람들을 치료하는 능력이 있었다고 전한다. 그러던 어느 날 모카 지역에는 전염병이 휩싸이게 되는데 이때, 중병에 시달리는 성주의 딸을 치료한 후 그 공주를 사랑하게 된 죄로 모카에 추방당하게 되었다. 이리저리 산속을 헤매던 오마르는 우연히 한 마리의 새가 빨간 열매를 먹는 모습을 보고 이열매로 허기를 채우게 되는데 신기하게도 온몸의 피곤함이 가시고 힘이 솟아남을 느끼게 되었다. 이 열매를 이용해 환자들을 치료하기 시작하였고 소문이 퍼져 왕에게까지 전해져 죄를 면제받게 되었다. 오마르는 성자로 추대받고 모카의 성인으로 전해지는 실존 인물이라고 한다.

3. 모하메드의 전설

이슬람 창시자인 모하메드의 이야기로 커피 유래설 중 가장 오래된 이야기이다. 시름시름 병을 앓던 모하메드의 꿈에 천사 가브리엘이 커피나무와 검붉은 열매를 보여주며 먹어보라고 했다. 꿈에서 깨어난 후 이 열매를 찾아 먹은 모하메드는 힘이 솟고, 병을 털고 일어난 것은 물론이고, 전장에서 용사 40명을 말안장에서 떨어뜨리고 40여명의 여인을 거느리는 힘이 생겼다고 전한다.

커피이론

※ 상기 전설을 가지고 커피를 유추해 보면 다음과 같다.

1. 기독교들 사이에서 내려온 전설은 오마르의 전설에 유사한 관계에 근접한것 같다.

2. 이슬람교도들 사이에서 내려온 전설은 모하메드의 전설과 유사한 관계에 근접해 있다.

3. 전반적으로 커피를 통해 정신적, 육체적 에너지를 얻고 병을 고치는 능력을 갖춤으로써 성자나 위인으로 추앙받는 내용의 이야기라고 볼 수 있다.

커피이론

☕ 커피의 전파

원산지 에티오피아→(575) 아랍(예멘)→(9세기) 페르시아→(1516~1517) 터키→(16세기) 인도·네덜란드→(1690년경) 실론(현스리랑카)·자바→(1713) 프랑스→(남아메리카, 1720년경) 서인도제도·쿠바·멕시코→(1722) 프랑스령 기아나→(1727) 브라질 순이다.

☕ 커피콩의종류

커피콩 또는 커피빈은 커피나무의 콩이며, 커피의 원료이다. 커피나무의 대표적인 열매 종류는 아라비카와 로부스타가 있다.

전 세계에서 생산되는 커피 중 70~80%가 아라비카이고, 20~30%가 로부스타이다. 이러한 이유는 논산물인 관계로 전반적 년 작황에 따라서 생산%가 변화한다. 아라비카 콩은 0.8~1.4%의 카페인으로 이루어져 있으며, 로부스타는 1.7~4%의 카페인을 이루고 있다. 아라비카가 향이 품부하며 로부스타에 비하여 카페인 함량이 절반정도이다. 리베리카는 전세계의 1% 미만으로 자국에서 소비 되는 품종이라 할 수 있다. 리베리카종의 원산지는 리베리카이다.

아라비카는 원산지가 에티오피아이며, 로부스타의 원산지는 콩고이다.

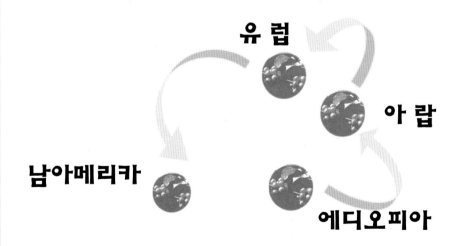

한국의 커피

- 아관파천 당시 고종(1896년)이 최초로 마신 것으로 추정

- 1930년대 최초의 근대식 다방 출현(in 서울)

- 1968년 국내최초 원두커피 생산 판매

- 1950년대
  - 만남의 장소, 실업자들의 아지트, 사기꾼들의 대합실

- 1960년대 초반
  - 박정희 군사 정권으로 인한 다방에서의 커피 판매 금지

- 1960년대 후반
  - 다방의 부활과 전성기

http://blog.naver.com/nikecake

- 1970년대
  - 인스턴트 커피의 시기, [퇴폐 다방], [음악전문 다방]의 등장

- 1980년대
  - 커피 자동판매기의 급격한 증가

- 1980년대 후반
  - 커피 전문점의 등장

- 1990년대
  - 다방의 퇴장. 커피 전문점의 전성기

커피이론

🔧 세계 커피콩 종류

커피콩은 나라, 지역, 등급 등에 의해 세분되어 진다. 이것을 크게 구분하여 보면 아라비아(Arabica) 종, 리베리카(Liberica), 로부스타(Robusta), 종(정확히는 카네포라(Canephora)종의 변종이지만, 로부스타종만 널리 보급됐기 때문에 현재는 카네포라종=로부스타종으로 간주하고 있다.)의 세 종류가 있다.

이 중에서 리베리카종은 현재 거의 생산되고 있지 않다. 1% 정도만 생산되고 있는데 수출은 하지 않고 자국에서 소비가 전부 이루어지고 있는 상황이다. 사실상, 아라비카종이 전체의 70~80%, 로부스타종이 20~30%의 비율로 재배되고 있다. 이러한 이유는 농산물이기 때문에 생산되는 양이 해마다 변화가 일어나기 때문이다.

「만데린」이나 「모카·마타리」 등으로 대용되는 아라비카종은 지명도가 높으며 고급품으로 주로 레귤러커피에 사용되어 진다. 로부스타종은 아라비카에 비하여 주로 인스턴트커피나 리큐르 커피에 가공되고 있다.

로부스타종은 20~30% 정도 브랜딩되어 사용하는 경우도 있지만, 역시 전부 아라비카라고 불리는 아라비카종만의 브랜드 커피가 무엇보다도 고급품으로 여겨지고 있다.

아라비카종의 주된 생산지는 브라질·콜롬비아·과테말라 등의 중남미제국, 쿠바·도미니카·하이치·자메이카 등의 카리브해 제국, 탄자니아·케냐·에티오피아·예멘 등의 동아프리카에서 아라비아반도에 이르는 제국, 인도, 인도네시아 일부, 미합중국 등지이다. 특히 콜롬비아 같은 경우는 100% 정부에서 아라비카종을 생산하도록 권장하고 있다.

이 나라들에서는 자메이카 블루마운틴, 탄자니아산 킬리만자로, 인도네시아산 모카·마타리, 인도네시아산 만데린, 미합중국산의 하와이·코나 등을 수출하고 있다. 로부스타종은 동남아시아, 서아프리카 제국 등지에서 생산되고 있는 현상이다.

커피이론

☕ 아라비카와 로부스타의 차이점

Arabica

Robusta

☕ 커피의 원산지

아프리카의 에티오피아 아라비아로 옮겨져 전파

☕ 커피품종

크게 3가지 분류 : 아라비카종, 로부스타종, 라이베리아종

1. **아라비카종** : 맛이 부드럽고 향기가 있으며 카페인 함량이 적은 품종, 일반적인 원두커피로 사용

2. **로부스타종** : 쓴맛이 강하고 향이 부족하며 카페인 함량이 많은 품종, 스트레이트로 즐기기보다는 가공하여 인스턴트 커피의 주원료로 사용

3. **리베리카종** : 중부 아프리카에서 재배되어 주로 자국소비로 소진되는 품종, 아라비카에 비해 향미가 떨어짐

커피이론

🥤 커피의 종류 비교

종류	아라비카종	로부스타종
신맛	풍부	없음(독특한 쓴맛이 강렬)
향	고급의 향기	로부냄새라고 할 정도로 독특하고 강렬
가격	비싸다	싸다
생산량	70%	30%
시간에 따른 변화	심하다	적다
주요용도	레귤러커피	보급품 브랜드, 인스턴트, 리큐르 등의 공업용 커피
생산지역	카브리해, 중남미 제국, 동아프리카 제국, 동남아시아 일부	동남아시아 제국, 서아프리카 제국
대표적 생산국	쿠바, 자메이카, 하이치, 도미니카, 과테말라, 멕시코, 콜롬비아, 브라질탄자니아, 케냐, 에티오피아, 예멘, 인도, 인도네시아 일부	인도네시아, 필리핀, 마다가르카르, 우간다코트지보우르

커피이론

🍮 커피콩 재배에 적합한 요소

커피나무가 재배되기 위해서는 토양과 강수량 바람 햇빛 기온 지형과 고도가 커피 성장에 영향을 미치는 요소이다. 토양은 유기성이 풍부한 토양이 좋으며 화산성토량의 경우는 세계에서 인기 있는 커피의 경우 재배지가 거의 화산흙양이다. 그러한 이유로는 화산폭발로 인하여 흙에 많은 에너지가 들어가 있으며 또한 화강암으로 물이 잘 배수가 되며 커피의 원초적인 스모크한 맛 자체를 가지고 있다. 즉 생두의 맛에 영향을 미쳐 커피 맛을 결정하는 중요한 요소가 되기도 한다.

강수량은 연간 1,400~2,000mm 정도가 필요하다. 온도는 연평균 20~25도 사이의 온도에서 재배 조건이 된다. 모든 커피나무는 서리를 맞으면 나무가 죽어 버린다. 커피 꽃이 개화하는 시기는 건기가 필요하다. 커피나무는 열대기후에서 재배되는 아카넷과(科)의 상록수이다. 북위 25도부터 남위 25도의 사이, 다시 말해서 남북 희귀성 사이에 많은 커피나무가 자라고 이러한 모습이 마치 띠 같다고 하여 커피가 자라는 지역을 「커피벨트」라고 명명되어 졌다. 전 생산량의 70~80%를 점하는 아라비카종의 원산지는 아비시니아(에티오피아)에서부터 아라비아반도를 지나 동남아시아와 중남미에 퍼져있다.

아라비카종은 세 종류 중에서도 품질이 뛰어난 것이지만, 이것은 상해(霜害)가 없는 해발 1,000~2,000m의 산악지대에서 재배되고 있다. 다른 조건이 같다면 해발이 높으면 높을수록 기온이 낮아지기 때문에 시간이 걸려 열매가 숙성되기 때문이다. 결국 더운 나라의 시원한 고지대에서 더욱이 서리가 내리거나 너무 춥지 않은 지역이 커피콩 재배의 적소라고 할 수 있다.

강수량은 평균적인 1,500~2,000mm 사이가 바람직하다고 할 수 있다. 비의 양이 너무 적은 곳은 관개시설을 하여 재배하는 경우도 있다. 일조도 적당한 게 필요한데, 지역에 따라서는 뜨거운 직사광선을 피해 그늘을 만들기 위한 shadow tree를 심는 경우도 있다.

콩고가 원산지인 로부스타종은 아라비카종과는 다르게 해발 1,000m 이하의 저

커피이론

지대에서 재배되고 있다. 성장이 빠르고 병충해에 강한 것이 특징이다.

브라질은 커피 재배가 한창인 1920~30년대는 최대한 53%까지 생산을 했다. 오늘날 브라질은 전체 생산량의 30%로 지구상에서 생산량 1위를 생산하고 있다.

🍮 한국에서 커피 재배

한국에서의 재배 조건은 북위 25도 이상으로 자연적 재배가 적합한 곳은 없으며 현재로는 비닐하우스에서 생산하고 있으며 씨앗 발아부터 열매 맺기까지 이루어지고 있다. 이러한 이유는 커피나무는 아라비카종, 로부스타종 모두 서리에 약하기 때문이다. 본인도 집에서 키울 때 겨울에 보일러 고장으로 커피나무가 동사한 경우가 있다.

또한 어린 묘목이 햇빛을 너무 받으면 말라서 죽어 버린다. 한국의 여름의 베란다에 키우면서 햇빛에 커피나무가 타죽은 경우도 있다. 한국적으로 보면 인삼에 그늘 경작법으로 재배하듯이 커피나무도 어린묘목은 그늘 경작법으로 한다. 즉 바나나 나무 야자나무 아래에서 묘목을 키웠다. 우리나라에서 커피나무는 상징성이지 커피를 대량 공급하고 판매하는 수익성 부분에서는 문제가 있다고 생각된다. 그러나 농가에서는 커피나무에 대한 견학과 방문객들에 대한 각종 원두 판매 및 커피음료 판매 등의 수익으로 다른 부가적인 이익을 취득하는 것으로 경제성에서는 이익이라고 본다. 특히 아라비카종은 건조, 서리, 병충해에 약하기 때문에 재배가 곤란하다. 최근에는 관엽식물로써 커피숍 등에서도 커피나무를 볼 수 있다. 그중에는 꽃이 피고 열매가 열려 커피콩을 딸 수 있는 경우도 있지만 상당히 조심스럽게 돌보지 않으면 금방 병에 걸려 버린다.

현재, 대규모 형태로 제주도 등지에서 커피 재배가 비닐하우스로 시도되고 있다. 품종은 아라비카종, 로부스타종의 두 가지이다. 그 외 유명 브랜드의 커피 종자를 심어서 테스트하기도 한다. 참고로 말하자면 이웃 나라 중국에서는 운남성(雲南省)과 해남도(海南島)에서 커피 재배가 행해지고 있다. 중국 윈난성에는 주로 아라비카종을, 해남도에게서는 로부스타 종을 중심으로 재배하고 있다. 이

커피이론

러한 이유는 농가 소득이 증가하기 때문에 중국 정부에서도 차나무를 베고 커피나무 심기를 장려하며 커피 품종 개량 등을 통하여 사업성을 증대시키고 있다. 유통되는 중국 커피를 보면 한국의 국내 유통되는 원두와 가격 차이가 없다. 즉, 비싼 편에 속한다고 볼 수 있다. 중국도 점차 차 문화에서 커피문화로 변화를 이루고 있는 실정이다. 생산뿐만 아니라 각종 프렌차이즈 업체도 증가하며 시장성 자체도 증가한다. 추후 거대시장으로 수요의 증가로 원두의 원가가 상승할 것으로 전망된다.

🍵 커피의 인체에 미치는 영향

커피의 약효라고 하는 것에 언제나 문제가 되는 것은 카페인에 대해서이다. 여기에서 우선 카페인의 효과에 대하여 생각해보자. 카페인은 식물에 함유되어 질소를 포함하고 염소성을 띠는 알칼로이드의 일종이다. 모르히네, 코카인, 스트리키니네 등도 알칼로이드의 일종으로 바르게 적당량을 사용하면 약이 되지만, 양을 잘못 조절하면 독이 되는 것과 마찬가지이다. 카페인은 체내에서 아드레날린 분비를 촉진시킨다. 카페인은 근육을 자극해 주기 때문에 운동선수들도 경기 후 도핑테스트를 한다. 고로 운동선수의 경우 커피를 마시고 에너지를 얻어 경기 결과에 우승한다면 약물 복용으로 오늘날은 메달 취소가 될 수 있는 상황이다. 카페인을 많이 섭취하면 심장의 박동수가 급격히 증가하고 신경과민 증상이 나타날 수 있다. 이러한 것을 카페니즘이라고 부르고 있다. 한 번쯤 커피를 많이 마셔본 사람이라면 평소와는 다르게 심장의 두근거림과 함께 몸의 긴장감이 생성되는 증상을 느낄 수가 있다. 이러한 현상은 몸이 약할 경우 이러한 증상은 빨리 나타나며 몸이 건강할 경우 이러한 증상이 안 나타날 수도 있다. 평소와 똑같은 양의 커피를 마셨는데 카페니즘 증상을 느꼈다면 이는 본인의 몸이나 컨디션이 나빠졌다는 것을 인지할 수 있어야 한다.

물론 카페인에도 치사량이 있어서 한 번에 10g 이상의 카페인을 직접 섭취하면 위험하다. 한잔의 커피에는 대략 100mg 정도의 카페인이 함유되어 있다. 그러니까 30분 이내에 100잔의 커피를 한 번에 마시면 치사량인 10g이 되어 위험할

커피이론

수 있다. 그러면 권장량에 대해서 알아보겠습니다. 일반인에 대한 권장량은 대한민국 식약청에서 권장하는 것은 400mg이다. 커피의 종류에 따라 다르겠지만 일반적으로 아메리카노 형태로 생각하시면 4잔 정도의 분량이 된다.

일반적으로 커피전문점에서 파는 진한 커피는 200ml 정도 되면 200mg 정도로 생각하면 된다. 이러한 기준은 절대적인 것이 아니며 본인의 건강 상태에 따라 커피의 소량 섭취 시 즉시 나타 날 수도 있고 더 많이 마셔도 안 나타날 수 있다. 이러한 것은 나의 건강 상태에 따라 편차가 있음을 알아야 한다. 아 내몸이 건강하구나, 내몸 컨디션이 안 좋구나? 라고 생각하면 된다.

다음으로 약효에 대해서 생각해 보겠습니다. 카페인은 중추신경, 순환계, 가로무늬근, 신장 등에 작용한다. 졸음이나 피로감을 해소하거나 혈액순환 촉진과 이뇨 작용에도 효과가 있다. 건강한 경우, 위액의 분비를 도와주고 소화 촉진에도 도움이 된다. 그러나 위산과다와 위궤양 증상이 있는 경우에는 당연히 역효과를 가져옵니다.

하지만 여기에서 짚고 넘어가야 할 것이, 커피 음용의 선진국인 유럽의 여러 나라가 300년 이상에 걸쳐「건강식품」으로 커피를 마시고 있다는 것이다. 그리고 그 조건은 '양질의 커피'이다. 여기서 양질이 커피는 신선한 커피를 따뜻하게 내려서 먹는 것을 의미한다. 여기서 신선한 커피는 로스팅한 지 2주간 이내의 커피를 의미하며 식약처상 커피 로스팅 후 포장하여 2년간 보장을 하지만 이것은 커피를 먹어도 이상이 없다는 의미이지 커피의 품질을 보증한다는 의미는 아니다. 독일에서 유학하던 경험이 있는 의사로부터, 유학 중에 개복수술을 받고, 수술 후 처음으로 입에 댄 것이 커피였다고 들었다. 그는 주치의에게 왜 커피였는지 물었더니, 앞에서 설명한 커피의 효용을 설명해 주었다고 한다.

커피를 마시면 잠이 오지 않는다고 하지만 정말일까? 커피의 어떠한 성분이 졸음을 깨우는 것일까?

여러분이 잘 아는 커피에 있는 카페인 성분은 졸음을 깨우는 효과가 있다. 그래서 커피를 마시면 잠이 오지 않는다고 하는 것은 사실이다. 실제로 커피 맛 테스

커피이론

트를 수백 잔씩 하고 나면 까만 밤을 하얗게 지새우는 날이 많았다.

그리고 색이 옅은 살짝 볶은 커피콩에 카페인이 많이 함유되어 있다. 현재의 커피 이미지로 생각하면 많이 볶은 커피의 색깔이 짙고 쓴맛이 강한 커피콩이 졸음을 깨우는 효과가 있다고 생각할 수 있지만 카페인 함유량만으로 비교하면 실제로는 반대이다. 아예 원두 자체를 삶아서 먹는 다이어트가 유행이다. 이러한 현상은 생두 자체에도 카페인 함량이 그대로 있다는 것을 의미한다. 또한 카페인은 습관적으로 계속 마시다 보면 내성이 생겨, 그 효과가 약해지기 때문에 커피가 졸음을 깨우는 것인지 아닌지는 개인차가 있다.

커피만이 아니라, 차도 카페인이 함유되어 있기 때문에 차에도 졸음을 깨우는 효과가 있다고 해도 무리가 없다. 단지 떫은 차를 자기 전에 마셔도 푹 자는 사람이 커피에 관해서는 반대로 잘 수가 없다고 하는 경우도 확실히 있다. 그 경우에는, 커피에 대한 선입관에서 오는 심리적 작용이라고 여겨도 별 무리가 없을 듯하다. 이러한 면도 있지만 실제로 잠을 잘 잔다는 사람의 뇌파를 검사한 결과 본인은 잘 잤다고 하는 경우라도 깊은 잠이 들어가지는 못한다는 연구 결과가 나타났다.

또 한 가지 생각할 수 있는 것은 원두의 신선도 문제이다. 직사광선과 고온다습을 피하여 커피를 맛있게 마실 수 있는 유통기한은 커피콩을 볶은 후 약 2주일 간이다. 약 2주일이 지난 원두는 시큼하고 맛도 향도 변해버린다. 카페인의 효과로 잠이 오지 않게 되는 것이 아니라 시어져 버린 커피가 위를 자극하여 잘 수가 없다고 하는 사람들도 꽤 있는 듯하다. 그러나 갓 볶은 양질의 커피를 마시는 것으로 이러한 것이 해소되었다고 하는 예도 많다. 이는 자기의 몸컨디션 상태와 자신의 상황에 따라서 판단하고 음용해야 한다.

다른 사람이 기준이 아닌 본인 몸이 기준이되어야 한다.

이에 대하여서는 우리나라의 4상 체질에 따라서 소양인 사람은 차가 맞으며 소음인 사람에게는 커피가 맞는 것으로 추정된다. 같은 각성 작용을 하지만 사람 몸의 체질에 따라 작용이 다르다는 것을 알 수가 있다.

커피이론

🍮 생두에 대한 이해

생두는 새빨간 커피 열매의 내부에 있는 종자이다. 최근에 와서는 TV나 광고에서도 새빨간 열매가 돼버린 나무가 등장해서, 커피콩에 대한 지식도 일반사람들에게 상당히 침투시킨 것 같다.

그리고 나서 관엽식물로써의 커피나무를 관찰하게 되었다. 한국의 위도에는 적합하지는 않지만, 실내에서도 하얗고 작은 꽃이 피어 녹색 열매가 완숙해서 적흑 열매가 된다. 완숙한 커피의 열매를 따서 손가락으로 외피를 벗겨보았다. 빨간 것은 외피만이고 과육은 황색으로 체리나 포도와 같은 느낌이다. 과육은 단맛이다. 그 과육의 중심에 마주 본 한 쌍의 종자가 나타났습니다. 종자의 주위에는 마치 감의 종자와 같은 미끈미끈한 막이 붙어 있었다. 이것을 물에 씻으니, 점점 생두의 형태가 확실해졌다.

잠시 방치하여 건조시키자 종자를 둘러싸고 있는 또 한 장의 내피가 붙어 있는 것을 발견했다. 바싹 건조시킨 내과피를 손톱으로 벗기면 표면이 은피(silver skin)로 나누어진 종자가 얼굴을 내민다.

여기까지 진행되고 나서야 겨우 원료로써 사들이고 있는 커피 생두와 같은 상태가 되었다. 커피 생산지에서는 이처럼 종자를 물로 씻는 방법을 수세식정제법 (水洗式精製法)이라 부르고, 현지의 정제공장은 대량으로 처리할 수 있도록 기계화되어 있다.

생두의 색은 커피콩의 종류나 포함량에 의해 변화되지만 대체로 진한 녹색이다. 수분이 적은 것은 색이 엷고 하얗게 된다. '향'이라고 하기보다 풀 냄새 혹은 풋내나는 '냄새'라고 하는 쪽이 더 좋을지도 모른다. 물론 이런 상태에서 가루로 분쇄하여 뜨거운 물에 타서 마셔도 커피 맛이라고는 할 수 없다. 그린티라 할 수가 있는데 현재 이렇게 생두를 갈아서 물에 우려 생산하여 판매하고 있다.

노란 작은 병에 넣어서 20ml 정도 30개 넣어서 20만 원 정도에 판매되고 있다. 이 생두는 배전하는 것으로 처음의 맛, 향의 성분이 없어질 수 있다. 생두의 단

커피이론

계에서는 함유 성분이 밖으로 나올 수는 없기 때문에 소위 커피의 맛, 향이 있지 않은 것이다. 풀잎 향이 나고 콩물 맛이 나는 그러한 정도로 이해하면 된다.

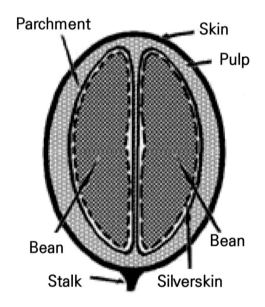

생두에 대한 이해

생산국에서의 커피 생두의 정제과정에는 크기에 따른 분류도 포함되어 있다. 여기에서 몇 단계의 분류가 된다. 이것은 마치 중학교 편차치 평가와 같은 것으로 어떤 기준에 의해 분포되어 나누어질 수 있는 것이다. 입자가 큰 것과 아주 작은 것이 파지하는 비율은 낮고, 중간에는 각각 어느 정도의 양이 있다.

생산지에서의 크기에 의한 평가는 입자가 큰 것이 고급이고 입자가 작아짐에 따라서 가격이 싸진다. 맛의 차이도 물론 있다. 크고 순조롭게 성육한 생두는 맛도 풍부해진다.

그러나 생산국에서의 분류도 최고급품 이오는 엄밀한 것이 아니다. 가령 중심을 이루는 크기가 60%이라고 하면 그것보다 큰 것은 20%, 작은 것의 20%가 함께 같이 섞여서 존재한다. 그렇기 때문에 그대로 표시 크기에 맞추어 배전도를 정하면 나머지 40%는 적정한 배전을 할 수 없게되버린다.

커피콩 출하하는 시기와 그린빈의 특징

우리들의 주식인 쌀에 대해서는 누구나 다 일정한 지식을 가지고 있다. 물론 햅쌀, 묵은쌀의 의미는 주지하고 있는 사실 그대로다. 하지만 커피에 대해서는 쌀이나 차, 밀가루, 와인에 관한 정도로 원료와 그 제조과정의 지식이 보급돼 있지 않은 것이 현황이다.

「햅콩」이나 「햅커피」 등을 들어본 적이 있는 사람은 도대체 어느 정도 있을까요? 배전하기 전의 커피콩, 결국 생두에도 역시 정미한 쌀과 같이 새것과 오래된 것의 개념이 들어맞는다.

구미의 커피는 「뉴 크롭(new grown up) 온니(only)」 결국 그해에 수확한 것으로만 만든 최고급 커피다. 단지 일본에는 여러 나라로부터 커피콩이 수입되고 있기 때문에 각 생산국별로 수확기나 그 수출 시기가 달라진다. 국내산 녹차나 쌀과 같이 그 해의 수확기가 일정하지 하지않기 때문에 햅콩이 출회하는 시기를 특정하는 것은 곤란하다.

생두에 대한 이해

맛에 관해서는 같은 커피콩을 같은 도합으로 배전하여 비교하면 new grown up과 몇 년간 나타난다. 같은 new grown up은 명확히 틀리다.

맛과 향이 new grown up 쪽이 각각 강하게 나타난다. 같은 new grown up이라도 반년이상 지나면 수분이 증발하여 색이 하얗게 된다. 하지만 거의 맛에는 영향이 없다. 단 여기에서는 기술적 조건을 일정하게 해서 비교할 필요가 있다. new grown up에 오래된 콩이라도 될 수 있는 한 맛있게 마시는 것은 가능하다. 또한 마찬가지로 배전 기술 순서에 의해서 새로운 콩도 맛없어지는 경우도 있다. 그리고 배전 후의 커피콩은 지은 밥과 반죽한 밀가루와 같이 「신선도」를 생각하자.

🍮 new grown up과 old grown up의 특징과 차이

new grown up은 그 해의 원료 생두이다. 전년까지 first grown up이라고 불리던 것이 그 이상 시간이 지난 것은 old grown up이라고 불린다.

우선 생두의 모양상태로 비교해보자. new grown up은 수분이 많고, 짙은 녹색을 띠고 있지만, first grown up, old grown up은 수분이 빠져서 색이 엷다. 손으로 한 줌 쥐어보아도 무게나 질감이 가벼워져서 알이 꽉 찬 듯한 감촉도 잃어버린다. 단, 이것은 같은 커피콩을 비교한 것이기 때문에 산지나 수확한 해의 차이, 정제법의 차이 등에 의해서도 수분 함유량이나 색은 달라진다. 그리고 맛과 향도 시간이 지날수록 적어진다.

앞의 질문에 있었던 쌀과 차, 밀가루도 커피콩의 경우와 같이 말할 수 있겠지만, 이것은 수확 후의 생커피콩을 배전하는 과정에도 영향을 미친다. 예를 들면 햅쌀과 묵은쌀을 똑같이 물을 조절하여 밥을 지었을 때, 잘되지 않는 것과 마찬가지다.

old grown up이야말로 엄밀한 배전이 필요해서 기술적으로도 상당히 어렵다. 수분량이 많으면 우선 배전의 초기과정에서 습기 제거를 할 필요가 있다. 맛의 성분이 많은 대신에 불길이 통하기도 어렵기 때문에 설익거나, 가운데는 그대로

생두에 대한 이해

남아버리는 결과가 되기 쉽기 때문이다. 그러면 맛과 향이 나쁜 면만이 강조되어 버린다. 그리고 떫은맛과 이상한 신맛이 나거나 완전히 맛과 향이 없는 커피가 되어 버린다.

그러나 적절하게 배전된 new grown up의 맛과 향의 개성은 변하지 않는 것이기 때문에 매우 각별한 것이다. 커피의 구성성분도 풍부하여 건강식품으로써의 커피의 의미에서도 매우 뛰어나다.

old grown up의 장점은 잘 건조되어 수분량이 적어 배전할 때의 어려움이 해결된다. 또한 맛의 성분도 정리되어 약간 단조롭게 된 것의 맛은 안정적이다. 하지만 이것은 햅쌀을 일부러 묵은쌀로 해서 먹는 것과 같은 것으로 건강 식품의 측면에서 보면 그다지 양질의 것이라고는 말할 수 없다.

🍶 생두의 등급(grade)과 분류

아라비카종과 관련해서 말씀드리면, 높은 지대에서 딴 커피콩은 향, 신맛, 질 높은 우수한 커피가 되어 높은 평판을 받고 있다. 중미에서는 대부분이 고도차만으로 커피의 격을 붙이는 것이 행해지고 있을 정도이다. 예를 들면 높은 격의 과테말라 SHB는 산지가 4,500피트 이상의 장소에 있는 것을 의미한다.

커피 재배가 각 생산국의 고지에서 행해지고 있는 것은 앞에서도 서술하였지만, 그중에서도 예를 들면 콜롬비아나 페루와 같은 산악지 내의 나라에서는 경사지를 이용해서 재배가 행하여지고 있다. 그렇지만 같은 고지대에서도 브라질산은 산악지대가 아닌 평평한 고원지대에 농원이 있다. 브라질에서는 수확 등의 작업의 기계화가 현저하게 발달하여 수확량이 많지만, 산악지대의 콜롬비아나 페루 등에서는 기계화가 어려워서 손으로 작업을 해서 정성스러운 수확을 하여 고품질의 커피콩을 생산하고 있다.

생두에 대한 이해

생두의 등급과 분류

국가명	특징	주요 재배지역	등급분류		비고
에티오피아 (Ethiopia)	• 아라비카커피의 원산지 • 아프리카 최대 커피 생산국	• Yirgacheffe (예르가체프) • Sidamo(시다모) • Hamar(하마르) • Djimmah(짐마)	Grade 1	3개 이하	생두 300g당 결점두 개수
			Grade 2	4~12개 이하	
			Grade 3	13~25개 이하	
			Grade 4	26~45개 이하	
케냐 (Kenya)	• 국가차원의 커피산업지원이 이뤄짐 • 탄탄한 커피경매시스템으로 커피 품질에 대한 신뢰도가 높음	• Mt. Kenya(케냐산) • Mt Elgon(엘곤산) • Nakuru(나쿠루) 등	AA	18 이상	스크린사이즈 (1스크린사이즈=0.4mm)
			A	17-18	
			AMEX	–	
			B	16-17	
			C	15-16	
탄자니아 (Tanzania)	• 영국 왕실에서 즐겨먹던 커피로 유명		AA	18	스크린사이즈 (1스크린사이즈=0.4mm)
			A	17	
			AB	15-16	
			C	14	

이 외에도 분류법은 몇 가지가 있다. 입자의 크기로 등급이 매겨진 최고급품의 탄자니아 AA(알파벳은 등급을 나타내며, 더블 A는 최고급임을 나타낸다)는 직경 7.2㎜를 넘을 것이라는 크기가 정해져 있다.

이 유통단계의 어느 단계에서도 생두를 구입할 수 있다. 단지 취급량의 단위애 있어서는 톤 단위의 거래가 된다. 도매상이라면 몇 백, 몇 십봉투 하는 단위가 되고, 배전 업자라면 그 규모에 의해서 취급량은 제각각이다. 자가 배전 커피숍이면 500g부터 소분하여 판매하는 곳도 있다.

종합하면 소량으로 구입할수록 생두의 가격은 비싸진다. 어떤 종류의 생두를 어느 정도 필요로 하고 있는지로 어디서부터 살 것인지 판단하면 된다. 요즘은 인터넷으로 구매하는 가정이 많다. 지금 바로 직접 볶아서 마셔보고 싶다는 열정이 있다면 가까운 자가 배전 커피숍에서, 또는 커피콩을 파는 곳에서도 취급하고 있는 곳이 있다. 만약 장사를 시작할 생각이라면, 생두를 사기전에 품질을 판단할 수 있는 능력이 필요하다. 취급량이 클수록 품질이 높은 생두를 안정적으로 구입할 수 있지만, 반대로 적을수록 품질의 안정도는 저하한다.

생두에 대한 이해

다품종으로 자가 배전을 시작하려고 하면, 매월 총량으로 100~500㎏ 목표로 하게 된다. 예를 들면 20종의 커피콩을 취급하려고 하면 한 종마다 5~20㎏의 구입이 필요하다. 이 조건으로 안정된 품질이 구입이 가능한 업자나 도매상을 찾지 않으면 안 된다. 한 종마다 한 가마니(60~70㎏)의 구입을 해야 한다면 20종으로 가볍게 1톤을 넘는 계산이되어 버린다. 이러한 이유는 컨테이너단위로 수입이 되는데 컨테이너의 생두가 모두 판매되면 일정한 품질의 원두가 공급이 안 될 수 있기 때문이다.

품종	맛의 특징					
	신맛	단맛	중성	쓴맛	감칠맛	향
모카(예멘산, 이디오피아산)	◎	◎			◎	◎
블루마운틴(자마이카산)		◎				◎
킬리만자로(탄자니아산)	◎					◎
콜롬비아	◎	◎				◎
과테말라	◎	◎				◎
멕시코	◎	◎				
온두라스			◎			
만데린(인도네시아)				◎	◎	
자바 로부스타(인도네시아)				◎		
브라질			◎			◎
코스타리카	◎					

생두에 대한 이해

생두의 올바른 선택 방법

가장 이상적인 것을 말하면, 모양, 두께, 크기, 색, 센터 컷의 길이 상태가 모두 균일하게 갖추어져 있는, 결국 전혀 결점이 없는 것이다. 하지만 실제로 이러한 조건이 모두 갖추어진 생두는 본 적이 없다. 단지 이상적인 조건에 맞추어서 생두를 잘 고르는 것이 중요하다. 꼭 한번 시도해보자. 그 생두 맛의 특성을 잘 아는 것뿐만 아니라, 이른바 결점이 어느정도 배전에 장해가 되고 있는지를 직접 느낄 수 있을 것이다.

하나씩 설명한다. 우선 크기와 색이다. 반드시 큰 콩이 좋은 것이 아니라, 작으면 작은대로 갖추어져 있으면 된다. 색은 청백색, 갈색, 녹색, 황색등이 있다. 어느 색일지라도 일정한 색을 띠고 있는 것이 좋다. 콩의 색은 수분 함유량을 나타내고 있다. 녹색, 청색 계통의 색이 짙을수록 수분함량이 많고, 갈색에서 흰색에 가까울수록 수분이 적은 것이라고 볼 수 있다.

어떤 크기, 색이던지 콩에 있다면, 그리고 핸드피크에 의해서 갖추어질 수 있다면, 그 수의 배전과 추출 작업을 정확하게 시행할 수 있다.

가끔, 마라고지페, 엘리펀트빈과 같이 일반콩의 2배 정도 큰 콩이 섞여 있는 경우가 있다. 이것은 결코 나쁜 콩이 아니다. 단지 꽤 많이 섞여 있는 경우에는 핸드피크로 큰 콩은 큰 콩끼리 모아 그것만을 따로 배전한다.

다음으로는 콩의 형태에 관해 설명한다. 형태로는 두께가 있고, 통통한 모양의 것이 좋은 것이라고 할 수 있다. 그리고 가운데에 센터 컷이 명확하고 깨끗하게 있는 것이 양질의 생두이다.

콜롬비아, 케냐, 탄자니아는 뉴욕 시장에서 거래되는 경우 아라비아 종의 수세식(水洗式) 커피 중에서도 상급품이기 때문에 「콜롬비아 마일도」으로 분류되고 있다. 이것들은 앞에서 설명한 양질의 생두의 특징을 가지고 있는 대표적이다. 단지 두꺼운 것이 수분 함유량이 많기 때문에 속까지 균일하게 불길이 통하기 어렵고, 배전 기술상의 난이도가 높은 생두라고 할 수 있다.

생두에 대한 이해

그리고 표면을 덮고 있는 실버스킨은 문자 그대로 아름다운 은색을 띠고 있는 것이 좋다. 색이 변하여 황갈색이되어 버린 것은 좋지 않다. 그래도 맑은 날 건조하여 관리가 잘되어진 것이라면 맛의 순도가 높고 볶기 쉬운 것도 있다.

생두의 보존 방법과 보존 기한

만약 뉴 크롭을 적정하게 배전하는 기술이 있다면 대량의 재고를 가지지 않는 한 특별히 보존조건이 규제된 것은 아니다. 반대로 1~2개월분의 재고가 있다 하더라도 주의하지 않으면 안 될 것이 장마 때부터 한여름 동안이다.

생두의 보관 창고는 가능한 한 다습을 피하고 상온에서 보존하는 것이 바람직하기 때문에 너무 실온이 상승하거나 습기가 많은 경우에는 환기 장치가 필요하다. 한 가지 예를 들어보면 지붕 밑의 방을 창고로 쓰고 있던 어느 자가 배전 커피숍에서 간혹 여름을 지내고 나면 반년 정도 지난 생두가 발견되었는데, 안을 확인하여 보니 한여름의 고온 다습으로 인하여 하얗게 색이 빠져, 비단과 같은 곰팡이가 생겨있었다. 물론 상식적으로 직사광선을 받은 곳과 습기가 많은 콘크리트 바닥에 직접 두는 것은 피해야 한다.

생두 가마니에 넣은 채 쌓아놓았을 때도 밑에 받침대를 깔고 통풍해야 한다. 바닥과는 5센티 이상 뛰어져야 한다.

또한 현대는 기술적으로 진공으로 포장하여 보관하고 유통하여 품질을 관리하는 곳도 많다.

가정에서 보관하는 경우, 1~2개월 정도라면, 고온 다습을 피하고, 병 등에 넣어 보존한다. 생두는 조금 풋내가 나는 것이어서 전용 용기를 준비한다면 외부의 자극은 받지 않을 것이다.

보존기간의 적절한 판단은 생두의 변화에 따른 맛의 변화를 판단할 수 있는 미각을 가지는 것이 중요하다. 엄밀히 말한다면, 배전의 조정으로 맛의 안정이 유지되는 범위가 바른 보존기간이라고 할 수 있다. 따라서 보존기간은 배전의 방법과 기술에 의해 달라진다. 뉴 크롭에 비해 퍼스트 크롭은 같은 종류의 생두라

생두에 대한 이해

고는 여겨지지 않을 정도로 퇴색해 있고, 맛과 향도 훨씬 덜 한다. 그렇기 때문에 뉴 크롭이 새로 출회하는 그해의 것과 전년도의 것과 바뀌어지는 시기에는 특히 맛의 조절이 필요하다 할 수 있다.

「피베리」의 특징

커피의 한 종류로 빨간 열매 중에서 한 가지 종자밖에 될 수 없는 과실 커피다. 이른바 기형 콩으로 일본에서는 환두(丸豆)라고 번역하고 있다. 보통의 커피콩은 빨간 열매 안에 2개의 반구형 콩이 평평한 면을 마주 보고 들어 있지만, 피베리는 과실이기 때문에 조개를 닮은 통통하고 둥근 형태를 하고 있다.

이 반대의 것이 다실 커피로, 하나의 열매 안에 3개, 4개, 8개의 콩이 있다. 이와 같은 커피콩을 포리스 페르마라 부른다. 어떻게 콩이 달려 있냐면, 귤과 같은 형태를 상상화면 된다. 그렇기 때문이라 할까, 포리스 페르마의 맛은 예각 삼각형과 같이 날카로운 맛이다.

피베리가 생기는 원인은 이상(異常)교배, 그해의 강수량, 일조 상황, 열매가 열리는 위치 등의 제조 조건을 들 수 있다. 이러한 제조 건이 두드러졌을 때 생기는 현상이 피베리이다.

생산국에 따라서는, 이것들만 모아「피베리」로 독립시켜 취급하고 있다.

예를 들면「자메이카 하이마운틴 피베리」등은 맛도 좋고, 진품으로써 취급되고 있다.

둥근 형태이고 비교적 작은 입자이기 때문에 불길이 잘 통하여 골고루 잘 볶아진다. 열매가 두꺼운 커피콩보다도 배전하기 쉽다고도 할 수 있다.

생두에 대한 이해

☕ 생두 구매 후 커피 단종된 경우

같은 계열의 콩으로 대용한다. 결국, 비슷한 맛의 경향이 있는 콩을 찾는 것이다. 그다음으로 생산지역이 같거나, 가깝다고 하는 것이 중요한 단서가 된다. 대륙지방의 생산국인 경우 국경선의 양측이 커피농장인 나라도 있다.

커피 생산국의 지역을 크게 구분하면, 카리브해계, 중미게, 남미계, 아시아계, 아프리카계의 5 지역으로 구분된다. 예를 들면 하이치, 도미니카, 부바, 자메이카산 각각의 커피는 카브리해계 콩으로 맛과 향에 독특한 공통성이 있다.

짐바브웨, 케냐, 탄자니아는 아프리카계로 단단하고 두꺼운 콩이다.

중미산은 약간 주의를 기울이지 않으면 안 된다. 즉, 같은 품종의 콩이라도 높은 지대의 것과 낮은 지대의 것은 성질, 맛이 다르기 때문이다. 과테말라 등은 그 전형적인 것이다. 만약 콰테말라 SHB(Strictly Hard Bean)을 쓰고 있었다면, 과테말라 하드 빈으로 대용하는 것도 한 가지의 방법이다. 단지, 다른 생산지의 것으로 대용하는 경우 SHB와 비슷한 경도의 표고로 만들어진 콩을 고르는 것이 좋다.

이 외에 멕시코, 코스타리카, 혼주라스, 엘사바토르도 이러한 대용으로 사용할 수 있다.

02

로스팅에 대한 이해

로스팅에 대한 이해

🍳 로스팅

"로스트", 즉 배전이라는 것은 커피생두를 볶는 것은 가리킨다. 정제되어진 생두가 갈색의 커피콩이 되기 위한 가공 단계의 한 가지다. 이 가공단계에서도 특히 중요한 공정이다.

처음 생두는 볶지 않으면 독자적인 맛도, 향도 엉망이되어 버리는 경우도 있다.

커피 맛을 만드는 80%는 생두에서 정해지고, 나머지 20%는 배전에서 정해진다고 한다.

하지만, 생두의 정제까지는 현재 우리들이 관여할 수 있는 범위가 아니다. 생두를 잘 선별할 수 있는 능력을 키워야 한다. 즉, 구매 능력을 키워야 한다. 구매했다면 현재는 이 배전 단계에서 한 번 더 신경을 쓰는 것에서 커피의 맛이 결정된다고 하여도 과언이 아니다. 또한 커피콩은 농작물인 이상 매년 그 질은 변화한다. 이 생두에 품질을 주는 것이 배전이 가지는 중요한 한 가지이다.

단지 적정한 로스팅을 행하기 위해서는 생두를 잘 알고 그 품질을 알아볼 수 있는 눈을 키우는 것이 중요하다. 내가 커피 생산지를 조사하는 것도 그 연장선에 있다.

로스팅업에 종사하는 커피인들은 로스팅에서의 커피의 맛 내기를 완성하지 않으면 안 된다. 왜냐하면, 그다음은 다른 사람 손에 맡겨져 버리는 경우가 많아지기 때문이다. 컷팅, 추출이라는 단계까지 미세한 조절이 필요하다고 하면 그것은 로스팅 단계에서의 맛내기가 완성되어 있지 않는다고 하는 것이다.

로스팅에 대한 이해

커피콩의 색이 짙고 옅음

그것은 로스팅의 정도가 틀리기 때문이다. 커피콩은 생두의 단계에서는 녹색을 띤 종자이다. 그것을 로스팅하게 되면 불과 생두가 만나서 새로운 형태의 색이 나타나게 되는 것이다.

처음에는 색이 빠져서 하얗게 되고, 그 후 점차 갈색을 띠게 된다. 옅은 갈색에서 갈색으로 변하고, 진한 갈색 그리고 점점 짙은 색이되어 검게 변한다.

로스팅을 잘못하면 얼룩덜룩하여 얼룩이게되어버린다.

삼층밥처럼 원두의 외부 쪽은 타고 내부는 익지 않은 생콩 형태로 못 먹을 정도로 변하기도 한다.

로스팅은 어느 정도의 색까지 배전하는가를 미리 정해놓고 샘플을 두고 색을 맞추어 가면서 배전한다. 어디까지 배전하는가로 여러 가지 맛의 커피가 탄생한다. 이 때문에 여러 가지 색을 띤 커피가 생겨나는 것이다.

배전(=로스팅) 정도는 강배전, 중배전, 약배전으로 3단계로 크게 나뉘고, 약배전인 것은 밝은 갈색, 중간 정도 볶은 것은 갈색에서 진한 갈색, 많이 볶은 것은 진한 갈색에서 검은색에 가까운 색이 된다. 이것이 더욱 세분화하면 8단계까지 나눌 수 있다. 이것은 색으로 분류한 방법인데 색은 수만 가지가 나올 수 있지만 인간의 눈으로 확인할 수 있는 것으로 8단계로 분류하기도 한다. 오늘날은 색도계를 이용하여 로스팅 정도를 알기도 한다.

로스팅에 대한 이해

☕ 로스팅의 방법은 어떤 것이 있습니까?

커피 로스팅 방법에는 크게 3가지로 분류할 수가 있다.

먼저 직화식, 열풍식, 반직화 반열풍식 이렇게 3가지로 분류할 수가 있다. 먼저 직화식은 화력과 생두가 바로 만나서 원두가 되는 과정이다. 열풍식은 드라이기 처럼 뜨거운 열로써 생두를 익히는 작업 과정이다. 그리고 반직화 반열풍은 가 장 많이 사용하고 있는 로스트기다.

각각 모두 장단점이 있는데 반열풍 반직화는 적절한 커피의 맛과 향을 잘 나타 내 준다고 할 수 있겠다.

즉, 고기도 숯불에만 구우면 맛은 좋지만, 일부 탄 것이 생기고 품질이 저하되 는 현상이 생기고 고기를 프라이팬에만 볶으면 고기의 질감이 질겨지고 풍미가 떨어지는 것을 느낄 것이다. 이러한 장단점을 보완한 반직화 반열풍식으로 한 로스팅이 개발되어 원두커피의 품질을 높이는 데 일조했다. 지속적으로 원두 맛 의 품질을 높이기 위하여 다양한 숯불에 구운 원두커피는 원적외선이 나와서 내부에서 먼저 익는다.

그러나 열원에 대하여 불의 강약을 원활히 조절할 수 없는 약점이 있다. 그 외

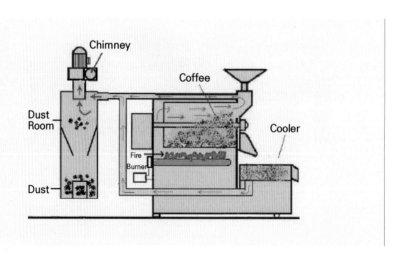

로스팅에 대한 이해

전기를 열원으로 하는 로스팅기는 전기가 전달되고 열원의 공급이 열판을 통하여 작동할 때 조절이 힘들며 힘든 단점이 있다.

열풍식은 시간은 단축되고 보여주는 맛이 있지만 커피의 알갱이가 부서지는 단점도 있으나 점점 발전하여 보완되고 있다.

커피를 볶는 방법

1. **직화식(直火式)** : 말 그대로 직접 불에 의해서 커피가 볶아지는 것, 숯불 위에 올려놓고 그 위에 서서 커피를 볶는 것을 말함. 열의 효율성이 떨어지고 볶는 시간이 오래 걸리고 고루 볶기 힘들다. 만약 보완만 되면 직화식 특유의 맛을 즐길 수 있다.

2. **열풍식(熱風式)** : 복사된 열로 커피를 볶는 방법, 예를 들면 헤어드라이어를 가지고 직접 볶는다고 생각하면 될 것이다. 일반적인 소형 커피 로스터기를 들 수 있고, 직화식보다도 원두를 빨리 볶을 수 있다.

3. **반직화반열풍식(直火熱風式)** : 직화식과 열풍식의 장점을 살려 볶는 방법. 보통 드럼(Drum)으로 제작된 커피 로스터 많이 사용된다. 예를 들면 뻥튀기 기계를 생각하면 되고 현재 로스터리 숍에서 많이 사용하는 기계로 들 수 있다.

로스팅에 대한 이해

직화식(Drum Roaster)

내부구조	원리	• 원통형 드럼의 회전에 의한 로스팅 • 통속에 생두를 넣고 열을 가하여 생두를 볶음
	장점	• 경제적이다. 커피의 맛과 향이 직접적으로 표현되어 널리 사용되는 방법
	단점	• 생두의 팽창이 적고, 균일한 로스팅이 어려움

반직화 반열풍식

내부구조	원리	• 직화식 로스팅의 변형
	장점	• 드럼 뒤쪽에서 내부로 열풍이 전달되어 연소가스가 드럼 내부를 순환 • 열효율이 높아 직화식보다 균일한 로스팅 가능
	단점	• 이용이 불편하고 비용부담이 커 상용화 어려움

열풍식(Hot Air Roaster)

내부구조	원리	• 열풍을 원두 사이로 순환시켜 로스팅
	장점	• 균일하고 단시간에 로스팅 가능 • 대량으로 생두를 볶을 때 사용 • 인스턴트 커피 제조용으로 많이 사용
	단점	• 드럼 로스터보다 개성의 표현이 어려움

로스팅에 대한 이해

🏭 배전기 예열작업

1. 배전기의 드럼을 회전시키고 배기 팬을 작동시킨다.

2. 점화한다.(중간 화력보다 약간 작은 화력으로 한다.)

3. 점화되었으면 곧바로 콩 배출구를 연다.
   - 콩 배출구가 닫힌 상태이면 드럼 내부의 열이 배출구 부근의 차가운 금속 부분에 접촉해 차가워져 결로현상이 생긴다.
   - 배출구를 열면 그곳으로부터 차가운 공기가 배전기 내로 들어오기 때문에 결로를 방지할 수 있다.
   - 콩의 배출구를 열어놓는 것이 불가능할 경우는 댐퍼를 열어 배기를 강하게 하여 예열한다.

4. 예열 작업 시 결로를 방지하기 위하여 댐퍼를 중립에 놓도록 한다.
   - 댐퍼의 중립 의치를 찾기 위해서는 우선 호퍼를 열고서 댐퍼를 한 번 전개한 후 서서히 댐퍼를 닫아간다.
   - 그대로 댐퍼를 닫아 가면 호퍼로부터 열기가 나오는 포인트가 있다.
   - 그 포인트의 직정의 호퍼로부터 열기가 나오지 않는 상태 그때의 댐퍼 위치가 중립이다 .
   - 댐퍼를 중립 위치에 한다. 라는 것은 배전 시 연소에 대한 배기가 자연스럽게 행하여지는 상태로 즉 필요 이상의 강제적인 배기를 행하지 않는 상태로 하는 것이다.

5. 그 상태로 8-10분 정도 예열하고 드럼의 정면부가 충분히 데워졌으면 콩 배출구를 닫는다.

6. 3~5분 정도 더 지나면 드럼 내부 온도계가 185도 정도를 가리킬 것이다.
   - 이때 다시 한번 댐퍼를 조작하여 중립 위치를 찾도록 한다.
   - 이때 중립 위치가 이 이후 배전작업의 기준이 된다.

7. 댐퍼를 중립 위치에 했다면 이번에는 화력을 약하게 하고서 드럼 내부 온도계의 수치가 오르락내리락하지 않도록 조절한다.

로스팅에 대한 이해

8. 조절을 끝내고서 3분 정도 지나면 배전기의 예열작업은 완료된다.

- 이 드럼 내부 온도계가 나타내는 수치가 오르락내리락하지 않는 화력을 최저 필요 가스압이라 부른다.
- 최저 필요 가스압은 배전 끝 단계에서 온도 컨트롤의 기준이 되기에 기억해 놓아야만 한다.

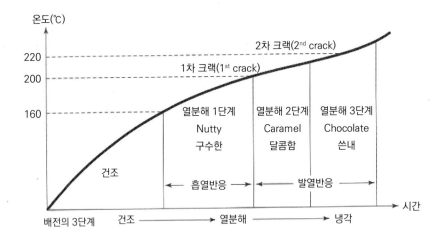

🔩 프리로스팅

프리로스팅은 본(本)로스팅을 이행하기 전에 콩의 준비운동이다.

프리로스팅을 행하는 목적은 다음 3가지이다.

1. 콩의 심지까지 열을 가한다.

2. 보다 용이하게 수분을 소실시킨다.

3. 콩의 수축, 세포를 이완시킨다.

이 3가지의 목적을 달성하기 위해서는 화력의 가감, 댐퍼, 시간이라는 3가지 요소가 중요하다.

로스팅에 대한 이해

❶ 호퍼를 열고서 콩을 드럼에 투입한다.

❷ 콩의 양에 맞추어서 화력의 가감을 조절한다.
- 가감 조절의 기준은 약 12분 경과 후 콩 온도가 160도가 되도록 하는 것이다.
- 화력 가감의 조절은 불꽃 모습으로 판단할 것이 아니라 가스압계의 눈금을 기준으로 해야 한다.
- 댐퍼는 중립보다 약간 닫은 상태로 한다.

❸ ❶에서 생두를 투입한 후 1분 30초 정도가 지나면 드럼 내부 온도계는 80도 정도를 가리킬 것이다.
- 이 드럼 내부의 온도 하강을 멈추는 지점을 터닝포인터라고 한다.
- ❷에서 조절한 화력의 가감이 너무 강하다던가 예열작업에서 드럼을 너무 많이 데웠을 때는 이 터닝포인터가 높게 된다.
- 역으로 화력 가감이 약했다던가 예열이 부족할 경우는 이 중점이 낮게 된다.
- 투입하는 생두의 생이나 그날의 온도, 습도 등에 의해서도 필요한 화력은 변하기 때문에 터닝포인터가 80도 전후가 되도록 상황에 대응하여 조절해야 한다.

❹ 드럼 내부 온도계가 중점을 찍은 후 곧 온도 상승이 시작된다.
- 생두를 투입한 후 6~7분 지난 즈음에 온도 상승률을 확인해야 한다.
- 이 시점에서의 목표는 대체로 8~10초간 1도 상승이다.
- 이 이후 서서히 온도의 상승률은 떨어진다.
- 이 온도 상승률을 바탕으로 하여 (2)에서 말한 생두를 투입하고 나서 약 12분 뒤에 160도가 되도록 다시 화력 가감을 조절한다.
- 온도 상승률이 낮거나 화력 가감이 약하다고 느껴질 때는 약간 가스압을 올려 화력을 강하게 한다.
- 조절이 끝나면 다시 가스압을 일정하게 되돌린다.

로스팅에 대한 이해

- 이 방법은 연속 배전 등에서 드럼 내부의 온도가 높을 때 초기 단계의 조절에도 유효할 것이다.
- 열이 가해진 콩은 녹색으로부터 연녹색으로 변하는데 최초는 풋내가 날것이다. 130~140도 정도 되면 콩은 풋내가 없어지고 내부에 있는 수분이 증발하기 시작한다.
- 그리고 160도가 되면 콩은 노란색으로 변한다.

노란색이 된 콩이 속심지까지 열을 받게 되면 섬유질이 느슨해지고 케이크를 굽는듯한 달콤한 향이 나기 시작한다.

예비배전이 적절치 않으면 속이 익지 않은 배전이되어 버린다.

속이 익지 않은 배전이란 콩의 중심부까지 충분히 열이 공급되지 않은 상태를 말하는 것으로 그러한 콩으로 추출한 커피는 강한 신맛이나 떫은맛, 풋내, 아린 맛이 나게 된다.

본 로스팅

프리 로스팅이 끝났으면 드디어 본격적인 로스팅을 행하게 된다.

본로스팅의 목적은 적절한 화력의 가감과 시간으로 콩에 열을 가하는 것에 의해 가벼운 1차 크랙을 유발하는 것이다.

열이 가해진 콩이 세포팽창과 내부 수증기의 압력에 의해 센터 컷을 통해 튀게 되는 것을 크랙이라고 표현하는데 가벼운 첫 번째 크랙은 콩에 열을 가한 시간, 콩의 온도, 콩의 수분 함유율의 감소 속도 등에 의해 일어나는 현상이다.

1차 크랙이 온 콩은 그 후 완만한 화학변화에 의해 갈색으로 변색하여가다가 2차 크랙을 맞이한다.

1. 프리로스팅의 마지막 시점에서 콩 온도가 160도가 되면 댐퍼를 약간 연다.

이 가스압도 온도상승을 고려해서 통상적으로는 약간 내린다.

로스팅에 대한 이해

댐퍼를 여는 정도는 대개 예비배전 때의 댐퍼 위치와 중립 댐퍼의 중간 위치 이다.

여기서 댐퍼를 약간 여는 것은 열이 가해지는 것에 의해 콩으로부터 나오는 수 증기나 풋내, 콩에서 일어나 화학변화에 의해 발생한 불필요한 성분을 배출하기 위함이다.

댐퍼를 여는 정도가 부족하면 풋내 등이 콩에 다시 묻게되어 버리기 때문에 주 의를 해야 한다.

댐퍼를 여는 정도가 부족하면 드럼 온도가 올라가 버리기 때문에 드럼에서 나 오는 접촉 열과 복사열도 고온이되어 본 배전작업의 후반에서 온도를 관리하는 것이 어렵게 된다.

또한 댐퍼를 여는 정도가 부족하면 드럼 내에 필요한 열이 흡수되지 않기 때문 에 콩에 열을 전달하기 어렵게 된다.

댐퍼를 여는 정도가 너무 강한 경우도 열의 배출이 많게되어버리기 때문에 콩 의 내부에 열을 전달하는 것이 어렵게되어버리는 것과 동시에 콩 표면의 수분 과 함께 맛있는 커피에 필요한 성분까지도 배출되어 버리게 된다.

그리고 댐퍼 위치를 조절할 때 고려해야 하는 것이 있다.

그것은 드럼 내의 온도가 변하면 중립 댐퍼의 위치도 변한다는 것이다.

이것은 온도상승에 의해 공기가 팽창하여 드럼 내의 압력이 높아지게 되기 때 문이다.

드럼 내의 온도가 낮을 때의 중립 댐퍼의 위치는 온도가 높아지면 중립이 아니 라 아주 조금 닫은 상태로 된다.

프리 로스팅, 본로스팅, 1차 크랙으로 서서히 드럼 내의 온도는 상승하게 되기 때문에 중립 위치에서 조금씩 개방 방향으로 탬퍼를 조절한다.

로스팅에 대한 이해

2. 1.에서 댐퍼를 약간 열었으면 이번에는 화력 가감을 조절한다.

- 약 1분간 4~5도 온도가 상승하도록 화력을 찾는다.

- 1분간 5도 상승한다면 12초에 1도가 상승하도록 한다.

- 1분간에 4도 상승한다면 15초에 1도 상승하도록 하면 된다.

- 시간과 드럼 내부 온도계를 확인하면서 가스압을 조작하고 화력을 컨트롤 하면 된다.

- 이러한 방법은 몇 도에서 1차 크랙이 발생 할 것인가를 알고 있으면 크랙까지의 시간을 역산해 조절하는 것이 가능하다.

- 첫 번째 튐이 일어날 때까지의 시간은 기본적으로는 15~18분 사이를 목표로 하면 된다. 필자의 경우 평균 16분 정도 잡는다.

☕ Roasting별 커피 특성

	명칭		L(명암)수치	SCAA Color	맛의 특성
1	American	Light Roast	30.0	#95	미성숙한 맛으로 잡맛이 강함
2		Cinnamon Roast	30.0~27.1	#75	떫은맛과 향이 약함
3	Mild	Medium Roast	27.0~24.1	#75	약간의 신맛과 독특한 향기가 있음
4		High Roast	24.0~21.1	#65	신맛이 강하며 약간 쓴맛도 느낌
5	European	City Roast	21.0~18.1	#55	비교적 신맛과 쓴맛이 조화로움
6		Full City Roast	18.0~16.1	#45	쓴맛이 신맛보다 강함
7		French roast	16.0~15.1	#35	쓴맛과 뒷맛이 강함
8	Espresso	Italian Roast	15.0 이하	#25	강한 쓴맛과 약간의 탄 맛이 남

Agtron No: 25 35 45 55 65 75 85 95

로스팅에 대한 이해

🍚 로스팅(Roasting) 분류(8단계)

❶ Light roast(최약배전)

아직 생두가 부풀지 않은 상태로 새콤한 냄새보다는 퀴퀴한 냄새가 강하다. 향기가 없으며 커피 특유의 깊은 맛도 전혀 없기 때문에 실질적으로 사용할 수 없다.

❷ Cinnamon roast(약배전)

라이트 로스트보다는 생두가 많이 팽창하였지만 아직 주름이 완전히 펴지지 못한 상태이다. 색상이 계피색 정도이기 때문에 시나몬 로스트라고 한다. 신맛이 강하고 커피 향은 약하다. 아메리칸 로스트와 같은 의미로 사용되고 있다.

❸ Medium roast(약강배전)

첫번째 팽창이 있은 후부터 두번째 팽창을 하기 전까지의 단계로 생두는 충분히 부풀어 있는 상태이고 색상 또한 급격하게 변하기 시작한다. 커피의 특징인 신맛과 쓴맛 그리고 독특한 향기가 함께 나타나기 시작한다. 많이 이용되는 방법이다.

❹ High roast(중약배전)

두번째 팽창을 시작한 후부터이며 미디엄 로스트보다 약간 더 진행된 상태를 말한다. 신맛이 약간 남고 쓴맛이 점점 강해지면서 감미로운 냄새가 난다. 높은 온도에서 볶을 경우에는 이때부터 프렌치, 이탈리안 로스트까지 빠른 속도로 진행된다.

❺ City roast(중중배전)

조금씩 기름기가 배어나오기 시작한다. 신맛은 거의 없어지고 쓴맛과 달콤한 향기가 나는 것이 특징이다.

로스팅에 대한 이해

❻ Full city roast(중강배전)

어느 정도 강하게 볶은 것으로 기름기가 전체에 돌기 시작한다. 에스프레소용으로 많이 사용하기도 한다.

❼ French roast(강배전)

기름기가 전체에 번져 흐르고 색상은 검게 된다. 쓴맛이 다른 맛을 압도 하기 때문에 아이스커피에 주로 사용한다. 풀 시티에서 몇 초만 지나면 프렌치 로스트 상태가 된다.

❽ Italian roast(최강배전)

탄화되어 표면이 완전히 검게되어버린다. 터키 커피 등에 약간 이용될 뿐이다.

등급	명칭		L차	맛의 특성	조리방법
1	American	Light Roast	27.7 이상	아주 약한 커피	신맛이 강한 커피
2	American	Cinnamon Roast	24.2~26.2	시나몬 색 약한 맛	맑은 색깔 약한 커피
3	Mild	Midium Roast	21.5~24.2	중간적 부드러운 맛	중간 굵기로 갈아 1:17로 희석
4	Mild	High Roast	18.5~21.5	신맛과 쓴맛의 중간	커피 전문점의 레귤러커피
5	European	City Roast	16.8~18.5	약간 깊은 맛	스트레이트 커피
6	European	Full City Roast	14.9~16.8	깊은 맛	아이스커피용
7	European	French Roast	14.2~14.9	상당히 강한 맛	아이리시, 카페 로열
8	Espresso	Italian Roast	14.2 이하	아주 강한 커피	에스프레소, 카푸치노

로스팅에 대한 이해

	명칭	원두	볶음	색깔	비고
1	라이트로스트		아주 얇게 볶음	황갈색	
2	시나몬로스트		얇게 볶음	시나몬색	마셨을 때 향기가 부족
3	미디엄로스트		보통 볶음	밤색	
4	하이로스트		미디엄로스트 보다 좀 더 볶음	진밤색	일본 표준 볶음
5	시티로스트		중간 볶음	진밤색	
6	풀시티로스트		좀 강하게 볶음	흑자색	냉커피 적당
7	프렌치로스트		강하게 볶음	진 흑자색	지방이 표면에 스며 나옴
8	이탈리안 로스트		원두가 탄화할 정도로 볶음	까만색에 가까움	커피 특유향 없음, 에스프레스용

로스팅에 대한 이해

- 이 정도의 시간을 들여 1차 크랙이 일어나는 것이 가능하다면 가볍고 기분 좋으며 천천히 흐르는 듯한 소리로 튄다.

- 이러한 크랙 소리는 부드러운 온도상승에 의한 보다 좋은 수분의 증발과 콩 그 자체의 팽창이 충분히 일어나고 있다는 증거이다.

- 로스팅하는 콩의 양이 적으면 1차 크랙이 일어나는 시간은 약간 짧아지며 양이 많으면 약간 늦어지게 된다.

- 화력이 강하여 1차 크랙까지의 시간이 짧은 경우는 탁하면서 딱딱한 소리로 기세 좋게 튄다.

- 콩의 팽창이 부족하며 콩에 포함된 수분도 많은 채로 1차 크랙이 일어나기 때문이다.

- 역으로 화력이 약해 첫 번째 튐까지의 시간이 너무 길 경우는 튄 소리에 힘이 없다.

- 이러한 배전은 수분 소실과 함께 맛있는 커피에 필요한 성분도 배출되어버리게 된다.

- 적정한 튐 소리가 나야 한다.

3. 1차 크랙이 일어나 콩은 이제까지 보다 더 많은 수증기를 방출하기 시작한다.

- 열이 가해지는 것에 의해 발생한 화학변화의 진행도 가속되고 커피 맛을 형성하는 성분의 정제와 배출이 왕성하게 된다.

- 1차 크랙의 시작 약 1분 전후에 댐퍼를 중립 위치에 두어야 한다.

- 콩으로부터 발생한 수증기나 성분이 드럼 내에 머물지 않도록 하기 위함이다. 통상적으로 여기서 가스압도 내린다.

- 이때 공급하는 칼로리가 정상이면 온도상승은 완만하게 된다.

- 이것은 수분이 수증기로 변하기 때문에 칼로리를 많이 흡수하기 때문이다.

로스팅에 대한 이해

- 이러한 현상이 일어나지 않는 경우는 공급하는 칼로리가 정상보다 많다. 라고 할 수 있다.

4. **1차 크랙이 시작되고 나서부터 2분 정도가 지나 튐의 종료에 가까워지면 콩에는 그다지 많은 수분은 남아있지 않게 된다.**

- 당연히 수분의 방출량도 적게 된다.

- 이 상태가 된 콩은 로스팅이 급속도로 진행되기 때문에 화력의 가감을 세밀하게 조절하여 온도 상승률이 높아지는 것을 억제 하지 않으면 안 된다.

- 여기서는 콩의 화학변화를 완만히 진행하는 것이 가장 중요하다.

- 직화식의 경우는 약 1분에 4~5도, 반열풍식의 경우는 약 1분에 5~6도 정도 온도상승이 되도록 한다.

- 로스팅 방식에 의한 온도상승률의 차는 1차 크랙에서 2차 크랙까지의 온도의 폭이 다른 데서 기인한다.

5. **직화식의 경우는 1차 크랙이 약 185도, 2차 크랙이 약 202도이지만 반열풍식이나 열풍식의 경우에는 1차 크랙이 약 185도 2차 크랙이 약 210도에서 일어나기 때문이다.**

- 결과적으로는 2차 크랙이 일어나기까지의 시간은 동일하게 되는 것이다.

- 또한 가스압을 조절할 때 주의하지 않으면 안 되는 것이 있다.

- 그것은 가스압을 내려도 배전기 내부에 축열 된 열작용에 의해 곧바로 온도 상승이 정지하지 않다는 점이다.

- 즉, 잠열에 의해 계속 로스팅이 진행된다고 봐야 한다.

- 30초에서 1분 후에 하강하기 때문에 그 시차를 고려해서 작업을 해야 할 것이다.

- 콩의 화학변화를 완만히 진행하는 것이 가능하다면 수백 종류라고 말해지는 커피 맛의 성분을 보다 많이 형성시키는 것이 가능하다.

로스팅에 대한 이해

- 화학변화를 급격하게 진행하면 본래는 형성되어야만 하는 맛이나 향기 성분이 형성되지 않는다.

- 향기, 단맛, 바디, 감칠맛 등이 부족한 맛 즉, 옅은 맛, 날카로운 맛, 무거운 맛이되어버리고 만다.

- 또한 잡미, 떫은맛, 아린 맛이 느껴지는 콩은 정상적인 화학변화가 일어나지 않았기 때문에 생두에 포함된 맛이 그대로 남아있어 버리기 때문이다.

- 직화식의 경우는 약 1분에 3~4도 온도상승이 되도록 화력 조절로 배전을 진행하면 콩은 서서히 색이 변하면서 팽창한다.

- 콩 표면에 주름이 펴지고 광택이 생겨난다.

- 기본적으로는 1차 크랙이 끝나고 나서 1~2분이 지난 시점이 미디엄 로스트, 2~3분이 지난 시점이 하이로스트, 3~4분이 지난 시점이 시티로스트, 4~5분 지난 시점이 두 번째 튐이 시작되는 전후가 풀시티로스트, 5~6분 지난 두 번째 튐이 종료되는 시점이 프렌치로스트이다.

- 2차 크랙이 시작될 즈음에는 콩으로부터 수분 증발이 거의 종료되어 있기 때문에 온도상승률이 다시 올라가게 된다. 그대로 배전을 계속하게 되면 콩이 급격하게 타기 시작한다.

- 2차 크랙이 시작될 즈음에는 드럼 내부 온도계에 주의를 기울이면서 온도 상승률이 완만히 되도록 가스압을 조절하여 화력을 약하게 해야 한다. 여기서 화력이 강하면 콩의 표면을 태워버리기 때문이다.

로스팅에 대한 이해

로스팅의 종류

숯불 로스팅

열온으로 숯을 이용하는 로스팅, 숯
이내는 강열한 복사열을 이용하는
것이다. 원적외선이 나와 내부부터
익어간다.열원관리가 힘이 든다.

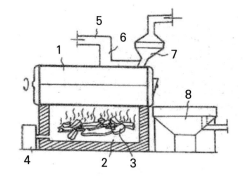

마무리 로스팅

목표로 하는 로스팅에 해당되는 온도에서 4~5도 전의 온도에 도달하면 화력을
최대로 약하게 한다.

한알 한알 콩의 배전 상태를 맞추는 마무리 배전을 한다.

화력을 최대로 낮추면 30초~1분 뒤에 온도 상승이 정지된다.

마무리 배전을 하는 이유는 대부분 배전된 콩은 외견의 색깔은 같아 보여도 내
부의 색깔과 미묘하게 차이가 나게 된다. 이것을 마무리 로스팅 단계에서 보정
하는 것이다.

마무리 배전은 화력을 낮추거나 또는 극단적으로 불을 끄거나 해서 드럼 내부의
여열을 이용해서 행한다. 즉, 밥의 뜸을 들이는 것과 같다고 보면 된다.

이렇게 하는 것으로 콩의 표면 온도는 상승시키지 않고 콩 내부의 배전도를 콩
외측에 가깝게 하는 것이다. 즉, 내부까지 골고루 익게 하는 작업이다. 목표 온
도를 유지하면서 기본적으로는 30초에서 2분 정도 마무리 배전을 하게 되면 콩
심지까지 완벽하게 볶이게 하고 잡미를 제거하게 된다.

마무리 로스팅에서 향기, 맛, 팽창 상태를 보정하는 것이 가능하다. 이에 의하여
언제나 동일한 맛의 커피를 볶는 것이 가능하게 된다.

로스팅에 대한 이해

🍵 소량 로스팅 시 주의점

지금까지 설명한 로스팅은 드럼 용량의 60~80%의 생두를 투입할 때의 상황이다. 드럼 용량의 20~40% 정도 생두를 로스팅하려고 할 때는 주의하지 않으면 안 되는 것이 몇 가지 있다.

여기서는 소량 로스팅에서 주의점과 배전 방법의 차이점에 관해 설명한다.

소량 로스팅에서 우선 알아야 하는 것이 있다. 드럼에 생두를 투입한 후 터닝 포인터가 높아진다는 것이다. 이는 투입된 콩의 양이 적기 때문에 콩이 드럼으로부터의 열을 적게 흡수한다는 것이다.

터닝 포인터가 높아지면 배전이 어렵게 되기 때문에 소량 로스팅을 하려면 될 수 있는 한 그날 첫 번째 로스팅을 할 때 할 것이며 로스팅기의 온도를 약간 낮게 컨트롤하면 좋을 것이다.

두 번째 이후에 소량 배전을 할 때는 완전히 드럼을 냉각시킨 후 배전하던지 생두 투입 후 80도 전후로 터닝 포인터가 내려간 후에 점화하여 시작하는 것이 좋을 것이다. 또한 1차 크랙과 2차 크랙 때의 콩 온도가 평상시 로스팅과 달리 낮게 형성된다. 당연히 그 온도에 맞추어서 가열 시간과 가스 압을 수정하지 않으면 안 된다.

투입하는 생두량이 적으므로 화력도 약하게 할 필요가 있다. 필연적으로 댐퍼도 약간 닫지 않으면 안 된다.

평상시 로스팅 배전 때와 같은 화력과 댐퍼 조작으로 작업을 진행하면 콩심지까지 열이 전달되지 않을뿐더러 배기도 과다하게되어 수분이 과도하게 빠져나가게되어버린다.

단, 역으로 댐퍼를 너무 닫아도 드럼 내에 열이 들어오기 어렵게되어 콩 내부까지 열이 전달되지 않게 된다. 따라서 소량 로스팅의 경우에는 매우 미묘한 댐퍼 셋팅이 필요하게 된다.

로스팅에 대한 이해

평상시 배전에서는 작업이 진행됨에 따라 서서히 댐퍼를 열어가고 가스압은 낮추어가지만, 소량 로스팅의 경우는 그렇지 않다.

댐퍼는 도중에 1회만 열지만, 때에 따라서 그대로 계속 가더라도 좋은 경우도 있다.

가스압도 거의 조작할 필요가 없을 경우도 있다.

☕ 커피 볶는 방법(수망 로스팅)

1. 커피빈 중에서 결점두를 골라 낸다.

로스팅에 대한 이해

2. 0~3분 수분날리기(약불)

- 3~8분 볶기(중불)
- 8~10분 1st clack(중불)
- 10~12분 안정화(약불)
- 12~13분 찰랑찰랑(중불)
- 13분~ 2차 clack

화력에 따라 편차가 일어난다.

로스팅에 대한 이해

블랜딩 방법

블랜딩(배합)

품종에 따라 각각 지니고 있는 맛과 향의 특성이 다른 원두의 특징을 고려해서 부족한 점을 다른 원두로 보강해서 더욱 조화로운 맛과 향을 얻는 것이다.

블랜딩의 법칙

❶ 콩의 성격을 잘 알아야 함

❷ 배합의 기본이 되는 원두는 품질이 안정 된 것을 사용

❸ 개성이 있는 원두를 주축으로 하고 그 위에 보충의 원두를 배합

03

커피 메뉴

커피 추출에 대한 이해

추출에 대한 이해

* 추출이란 : 한잔의 좋은 커피를 마시기 위한 마지막 단계이자 기호에 맞는 맛을 결
정하는 단계

커피 추출방식은 그동안 놀라운 발전을 거듭해 왔다. 사람의 손에 의존하던 터
키식 침출법에서부터 핸드드립, 기계 드립, 모카포트, 프렌치 프레스, 싸이폰 등
개별적인 추출기구들이 개발되었고, 레버식, 피스톤식, 스프링식 등의 에스프레
소 커피머신에 이어 오늘날에는 디지털 기술을 접목한 전자동 커피머신이 편리
성을 무기로 업소와 가정을 파고들고 있다. 이렇게 끊임없이 이어져 온 추출방
식의 진화는 곧 커피산업 발전의 견인차이자 동력원이기도 하다.

터키식 이브릭 추출 방식(침출법)

커피 추출에 대한 이해

추출 도구

퍼큘레이터

프렌치 프레스

커피 추출에 대한 이해

추출 도구

체즈배

사이폰

커피 추출에 대한 이해

커피 추출 방법

핸드밀

볶은 빈을 그라인더에 넣고 뚜껑을 덮은 다음 갈아준다.

커피 추출에 대한 이해

☕ 프렌치 프레스

1. 갈아진 커피원두를 프렌치
   브레스에 담는다.

2. 뚜껑을 덮어 천천히 찌꺼
   기를 밑으로 향하도록 눌
   러준다.

3. 위의 맑은 부분만 추출하
   여 마시도록 한다.

커피 추출에 대한 이해

🍵 모카포트

모카포트는 이탈리아 감옥의 독방에서도 인권을 위해 주는 도구이다.

간편하게 집에서 에스프레소를 뽑을 수 있는 기구이다.

3기압으로 모카포트는 물의 압력으로 고압에서 커피가 추출된다.

이탈리아 가정집마다 오래 사용한 모카포트가 하나씩 있다는 얘기를 듣고 여행 다니면서 즐기는 커피다.

이탈리아에서 찍은 영상이나 사진 같은 걸 보면 정말로 주방에 모카포트가 자주 등장한다.

진짜 커피 마니아들은 여행 시 들고 다니면서 직접 커피를 즐기는 도구이다. 여러분께 꼭 추천해 본다.

중요한 것은 커피를 증기가 나오는 버튼까지 물량을 넣고 커피는 곱게 갈아서 한번 살짝 눌러줄 수 있도록 한다.

- 사용 후 관리법은 세척 후 건조관리가 필요하다.

커피 추출에 대한 이해

물에 커피 성분이
용해되어 올라간다.

잘 다져진 커피와
물이 만난다.

물이 끓으면
위로 올라간다.

커피 추출에 대한 이해

1. 대대로 물려받는 이탈리아 가정용 커피다.

2. 3단 분리된다. 맨 밑은 물을 넣고 바로 위는 커피가루를 넣어 적당한 압력으로 수평을 맞춘다.

3. 커피가루를 넣은 다음 모카포트 상부를 공기가 세지 않도록 결합한다.

4. 끓으면 자동으로 압력에 의해서 커피가 위로 올라온다.

5. 맛있게 커피를 즐긴다.

커피 추출에 대한 이해

☕ 융드립

1. 현을 깨끗이 씻은 후 물기를 제거하여 야구라로 된 고리에 끼워 원뿔 모양을 만든다.

2. 도구로 살짝 윗면을 눌러 빈 공간을 채운 뒤 소용돌이 모양을 내어 물길을 만들어 준다.

커피 추출에 대한 이해

3. 90도의 물을 담은 주전자로 점드립을 실시한다. 융에 물이 닿지 않도록 주의한다.

4. 커피량 만큼 물을 부어 밑으로 한두방 울 정도 떨어질 정도로 하여 20~30 초간 뜸을 들이도록 한다.

커피 추출에 대한 이해

5. 소용돌이 모양으로 중앙에서부터 바깥쪽으로 4번, 바깥쪽에서 중앙으로 2
   번 원을 그리며 물을 부어준다.

커피 추출에 대한 이해

6. 물줄기 내리는 것을 3~4번 실시한다.

• 실시할 때마다 거품이 수평 아래로 가라앉지 않도 록 주의하며 실시한
  다.
• 수평 이하로 거품이 내려 가게 되면 불순물까지 추출되어 커피 맛이 떨
  어지게 된다. 90도의 물을 담은 주전자로 점드립을 실시한다. 융에 물이
  닿지 않도록 주의한다.

커피 추출에 대한 이해

🍵 융드립

융드립 전체적인 과정

커피 추출에 대한 이해

🍶 핸드 드립

드립커피와 융드립커피와 다른 점은 '기름'이다.

융드립은 천의 기름 흡수력이 약하기 때문에 커피를 추출한 후 기름기가 약간 떠 있는 것을 볼 수 있다.

커피는 공기 중에 두면 둘수록 맛이 떨어지고 함유된 기름은 산패한다.

그 때문에 신선한 원두를 사용하여 융드랍을 실시하면 맛있는 기름이 함유된 커피를 맛볼 수 있다.

반면 종이는 기름기를 대부분 흡수하기 때문에 담백한 맛은 있으나 감칠맛은 융드립보다는 떨어진다.

커피 추출에 대한 이해

🍵 사이폰 커피 추출하는 방법

1. 사이폰에 물을 담고 알코올램프로 가열한다.

2. 비스듬히 시험관을 끼운 후 커피 가루를 넣는다.

3. 가열되면 자연스럽게 물이 올라와 커피 가루와 섞인다. 이때 윗면만 살짝 저어 주어 가루가 잘 풀리도록 한다.

커피 추출에 대한 이해

4. 불을 끄면 찌꺼기만 남고
   맑은 액체는 밑으로 내려
   온다.

5. 한번 저어 준뒤 잠시 온도
   를 식힌 후 맛있게 마신다.

커피 추출에 대한 이해

☕ 커피추출방법 여과법(핸드드립)

※ 여과법이란? 커피가루 위로 뜨거운 물을 부어 여과시키는 방법

커피 추출에 대한 이해

☕ 핸드드립

1. 정수된 깨끗한 물을 100도 끓인 후 드립 전용 포트(주둥이가 가는 주전자)에 덜어 85~90도 정도로 식혀놓는다.

2. 준비된 종이필터를 접지된 밑부분을 먼저 접고 옆면을 반대 방향으로 접는다.

3. 접은 종이필터를 드리퍼 위에 얹고 안쪽 하단 부분까지 밀착되도록 눌러준다.

4. 계량스푼을 이용하여 일정량의 분쇄된 커피를 종이필터에 넣는다.(일반적으로 1인분은 10g 정도가 적당)

5. 드리퍼를 좌우로 약간 흔들어 커피가루가 드리퍼 안에 평평해지게 만든다.

커피 추출에 대한 이해

6. 준비된 드립 전용 포트로 커피 가루 전체를 천천히 적신다.
   이때 물이 커피 가루를 벗어나지 않도록 주의한다.

7. 조금 후 커피가 부풀어 오르는 것을 확인하고 약간 더 뜸을 들인다. (약 20~30초)
   * 신선하지 않은 커피는 부풀어 오르지 않다.

8. 커피중심에서부터 시계방향으로 나선형으로 드립한다.

커피 추출에 대한 이해

9. 물이 빠지면 위 과정을 3회 정도 반복한다.

10. 정해진 커피량이 추출되면 드리 퍼를 서버에서 분리한다. 마시기 좋은 온도는 65~70 도이다.

커피 추출에 대한 이해

드리퍼의 종류

멜리타

Melitta JAPAN/DRIPPER

BRAND VIEW
* 멜리타는 독일브랜드이지만, 생산은 일본이 맡고 있다.

OUTWARD VIEW
* 추출구는 중앙에 1공
* 리브가 끝까지 형성되어 있어 일정한 물빠짐을 도와준다.

GOOD & BAD
* 물이 머무는 시간을 늘려주고 동시에 강배전된 커피의 수분을 보충해주어
  묵직한 바디감과 진한맛을 살려준다.
* 드립시 많은 주의를 기울어야 하기 때문에 초보자들에게는 쉽지 않은 드리퍼이다.

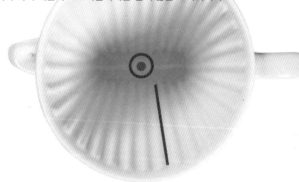

커피 추출에 대한 이해

칼리타

Kalita JAPAN/DRIPPER

BRAND VIEW
* 칼리타는 우리나라에서 가장 대중적인 브랜드로 많은 정보를 쉽게 얻을 수 있다.

OUTWARD VIEW
* 추출구 3개. 일렬로 나란히 나 있다.
* 리브가 끝까지 형성되어 있어 물빠짐을 일정하게 도와 효과적인 드립에 용이하다.

GOOD & BAD
* 일반적인 강도로 배전된 커피를 추출할 때 사용하면 좋다.
* 비교적 커피맛이 부드럽고 추출이 용이하며 안정적이다.
* 초보자들도 안정적인 맛을 추출할 수 있다.

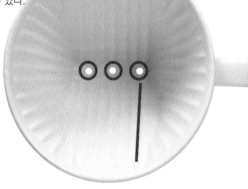

커피 추출에 대한 이해

🍶 고노

Kono JAPAN/DRIPPER

BRAND VIEW
* 고노는 커피를 가장 맛있게 추출하는 드리퍼라고 알려져 있다.
* 일본 브랜드, 일본에서 생산을 맡고 있다.

OUTWARD VIEW
* 추출구 중앙에 1공. 원추형이다.
* 리브는 중간부터 시작한다.

GOOD & BAD
* 칼리타나 멜리타보다 물을 적게 붓고 뜸들이는 시간을 길게한다.
* 융에 가까운 느낌의 질 좋은 커피를 얻을 수 있다.
* 고도의 추출 기술이 뒷받침 되어야 한다.
* 고노는 맛의 차이가 심하기 때문에 초보자들에겐 다소 어렵다.

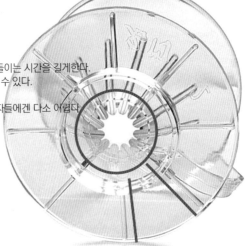

커피 추출에 대한 이해

 하리오

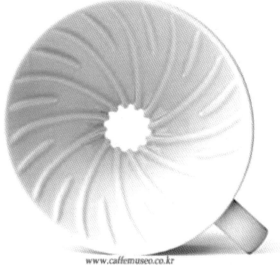

www.caffemuseo.co.kr

www.caffemuseo.co.kr

커피 추출에 대한 이해

☕ 핸드 드립과 융드립 차이점

융드립커피의 특징은 '커피기름'성분 추출이다.

융드립은 천의 기름 흡수력이 약하기 때문에 커피를 추출한 후 기름기가 약간 떠 있는 것을 볼 수 있다.

커피는 공기 중에 두면 둘수록 맛이 떨어지고 함유된 기름은 산패한다.

그 때문에 신선한 원두를 사용하여 융드립을 하면 맛있는 기름이 함유된 커피 를 맛볼 수 있다.

반면 종이는 기름기를 대부분 흡수하기 때문에 담백한 맛은 있으나 감칠맛은 융드립보다는 떨어진다.

커피를 즐기는 방법

맛있는 커피를 위한 7가지 제안

1. 커피 기기를 깨끗이 하자.

2. 좋은 물을 사용하자.

3. 신선한 커피를 쓰자.(이것이 바로 핵심!)

4. 원두를 올바르게 분쇄(갈아서)하자.

5. 커피는 잘 보관하자.

6. 커피기구 사용을 바르게 하자.

7. 무엇보다 정성을 들여 커피를 뽑자.

하나 더.
좋은 분위기에서 좋은 잔으로 커피를 즐기자, 이것이 얼마나 중요한지 기억하자.

커피 메뉴

핫 베리에이션(Hot Variation)

에스프레소(Caffe Espresso)

- 재 료 : 커피 7~9g으로 9기 압으로 20~30초 안에 1온즈를 추출하는 커피

마키아토(Caffe Macchiato)

- 재 료 : 커피, 우유 에스프레소와 우유 거품이 조화된 커피

커피 메뉴

콘 파냐(Caffe Con Panna)

- 재 료 : 커피, 설탕, 생크림
- 에스프레소 위에 생크림을 얹은 메뉴

캐러멜 마키아토(Caramel Macchiato)

- 재 료 : 커피, 캐러멜 시럽, 우유
- 부드러운 에스프레소와 달콤한 캐러멜 맛을 느낄 수 있다.

커피 메뉴

🍮 카페 라테(Caffe Latte)

- 재 료 : 커피, 우유
- 프랑스에선 카페 오레로 불 리는 메뉴다. 우유를 이용한 대표적인 메뉴

🍮 아메리카노(Caffe Americano)

- 재 료 : 커피, 따뜻한 물
- 에스프레소에 뜨거운 물을 넣어 진하고 쓴맛을 줄인 커피. 180cc 가량의 물을 넣으면 무난한 맛을 낼 수 있다.

커피 메뉴

라테 마키아토(Latte Macchiato)

- 재 료 : 커피, 우유
- 뜨거운 우유 위에 에스프레소를 얹은 메뉴

카푸치노(Caffe Cappuchino)

- 재 료 : 커피, 우유
- 카페 라테와 함께 가장 애음되는 메뉴 중의 하나

커피 메뉴

☕ 카페 모카(Caffe Mocha)

- 재 료 : 커피, 우유, 초콜릿 시럽, 생크림
- 에스프레소와 생크림, 초콜릿 시럽이 조화를 이룬 커피

☕ 비엔나(Caffe Vienna)

- 재 료 : 커피, 우유, 초콜릿 시럽, 생크림
- 커피 위에 휘핑 크림을 올린 커피

커피 메뉴

🍵 스노우 커피(snow coffee)

- 눈처럼 흰 휘핑크림 위에 코코아 가루를 뿌린 달콤 하고 부드러운 커피

🍵 버터커피(Butter Coffee)

- 추운 겨울에 마시는 고소하고 열량이 높은 커피

커피 메뉴

🔩 쿨 베리에이션(Cool Variation)

☕ 아이스 에스프레소(Espresso Freddo)

- 재 료 : 커피, 얼음
- 에스프레소에 얼음이 첨가된 커피

☕ 아이스 카페 라테(Caffe Latte Freddo)

- 재 료 : 커피, 얼음, 우유
- 밀크커피 종류 중 가장 연한 맛을 낸다.

커피 메뉴

아이스 아메리카노(Iced Americano)

- 재 료 : 커피, 얼음, 물
- 에스프레소, 물, 얼음이 필요하다.

아이스 카푸치노Cappuchino Freddo)

- 재 료 : 커피, 얼음, 우유
- 가장 보편적으로 즐기는 쿨 메뉴

커피 메뉴

🍹 아이스 모카치노(Mochaccino Freddo)

- 재 료 : 커피, 초코가루, 얼음, 우유
- 휘핑크림 대신 우유 거품을 넣어 연하고 부드러운 맛을 살렸다.

🍹 아이스 라테 비엔나(Iced Latte Vienna)

- 재 료 : 커피, 우유, 얼음, 시럽, 휘핑크림
- 에스프레소 원액 대신, 라테를 넣어 아이스 비엔나에 비해 순한 맛을 낸다.

커피 메뉴

🥤 아이스 라테 마키아토(Latte Freddo)

- 재 료 : 커피, 우유, 얼음 우유
- 양이 다른 밀크류의 커피보다 적어 진한 맛의 밀크커피를 즐기고 싶은 이들에게 추천하는 메뉴

🥤 아이스 비엔나(Iced Vienna)

- 재 료 : 커피, 물, 얼 음, 시럽, 휘핑크림
- 특히 여성들에게 인기가 좋은 메뉴. 크림은 기호에 따라 섞거나 그냥 먹을 수 있다

커 피 메 뉴

☕ 아이스 카페 모카(Caffe Mocha Freddo)

- 재 료 : 커피, 우유, 초코시럽, 얼음
- 커피와 어울리는 재료로 알려져 있는 초콜릿을 통해 시원하고 달콤한 맛을 느낄 수 있다.

☕ 카페 젤라토(Caffe Gelato)

- 재 료 : 커피, 아이스크림
- 에스프레소에 떠있는 아이스크림을 떠먹기도 하고, 커피와 같이 마셔도 된다.

커피 메뉴

스페셜 커피(Special Coffee. 향커피의 종류)

아이리쉬 커피(Irish Coffee)

- 위스키를 베이스로 커피와 휘프드 크림으로 만든 칵테일

카페 로열(CAFE ROYAL)

- 재 료 : 원두커피 120cc, 뜨거운물 150cc, 브랜디 5cc, 각설탕 2개

커피 메뉴

🍮 카페 칼루아(Cafe Kahlua)

- 재 료 : 커피추출액 1/2컵, 칼루아 10ml, 설탕 2작은술, 휘핑크림 적당량

🍮 터키식 커피

- 재 료 : 커피추출액 1컵, 설탕 1스푼

커피 메뉴

🍨 헤이즐넛

- 풍미가 좋은 개암나무에서 추출한 향이 헤이즐넛이다.

🍨 프렌치 바닐라

- 멕시코가 원산지인 난초과 식물에서 추출한 향이 부드러운 바닐라 향을 낸다.

커피 메뉴

☕ 자메이카 블루마운틴

- 고품격에 값도 비싸다. 카리브 연안의 자메이카 섬 2500미터 고지대에서
  생산되며 부드러운 맛, 신맛, 단맛이 잘 어우러진 커피다.

☕ 카페코나

- 하와이 코나지방에서 생산되는 이 커피는 부드러운 맛에 살짝 신맛을 낸다.

☕ 프렌치 로스트

- 콜롬비아 와 멕시코 산을 섞은 커피를 많이 볶는 제품이다. 진한커피를 원
  할 때 알맞다.

커피 메뉴

서프라이즈 커피(Surprise Coffee)

베트남산 다람쥐똥 커피

- 베트남 고산지대의 커피작목반에서 커피 수확기에 열대 다람쥐들을 방목하여 이들의 배설물 속 원두를 얻어 내는 것으로 풍부한 향기, 고소하면서도 연한 신맛이 나고 덧 붙여 부드러운 쓴맛도 난다.

인도네시아산 코피 루왁

- 다람쥐똥 커피와 마찬가지로 사향고양이의 배설물 속 원두를 얻어 가공하는 것으로 연간 0.5톤 이하만이 생산되는 커피의 명품이다.

Espresso에 대한 이해

에스프레소

에스프레소란? (Espresso)

전통적으로 이탈리아 사람들이 즐겨 마시던 진액 커피로, 곱게 갈아 압축한 원두 가루에 뜨거운 물을 9기압으로 통과시켜 20~30초 이내에 30ml를 추출한 정통 이탈리아식 커피다. 카페인양이 적고 커피의 순수한 맛을 느낄 수 있다.

에스프레소의 기원

에스프레소는 1948년 탈리아의 아킬레 가자 박사가 에스프레소 머신을 개발하면서 탄생했다.

에스프레소의 어원

에스프레소라는 단어는 '빠르다'는 뜻과, '특별히, 당신을 위해서'라는 뜻이라는 두 가지이다. 에스프레소(espresso)의 영어식 표기인 익스프레스(express)는 '빠르다'라는 설과 처음으로 세상에 나온 커피 머신은 한 잔씩 커피를 추출해 특별히, 당신을 위해서 의미한다는 설이 있다.

Espresso에 대한 이해

에스프레소의 종류

리스트레토(Ristretto)

짧은 시간에 추출한 20㎖의 적은 양의 에스프레소 커피다. 리스트레토는 '응축된', '압축된'이란 뜻으로 이탈리아 사람들은 작지만 훌륭하다는 뜻에서 '포코마부오노(pocomabuono)'라 부른다.

룽고(Lungo)

리스트레토 2배 분량의 40㎖의 에스프레소 커피다. 커피 분량은 리스트레토보다 2배 정도 증가하여 추출되었으므로 묽은 에스프레소로 생각할 수 있다.

도피오(Doppio)

에스프레소를 더블로 추출한 에스프레소 커피다. 도피오(doppio)는 '두 배의'라는 뜻으로 흔히 더블 에스프레소(Double Espresso)라고 부르며 에스프레소 잔보다 2배 가까이 큰 잔에 서빙된다.

Espresso에 대한 이해

🫖 에스프레소 추출 방법

1. 커피 분쇄기에 포터 필터를 얹고 적당량을 채운다.

2. 포터 필터의 표면을 평평하게 깎아준다.

3. 탬퍼로 적당한 힘으로 탬핑을 해준다.

4. 머신의 열수를 빼주고, 포터 필터를 장착한다.

5. 추출 버튼을 누르고 에스프레소 잔을 넣고 각 1온스(30ml) 채울 때까지 받는다.(20~30초)

Espresso에 대한 이해

☕ 에스프레소란

강한 압력으로 추출한 이탈리아식 커피. 보통 데미타스(demitasse)라는 조그만 잔에 담겨서 제공된다. '에스프레소'는 이탈리아어로 '빠르다, 신속하다'의 의미인데, 고압으로 커피를 추출하기 때문에 커피를 내리는 시간이 빠르다는 의미로 이렇게 불리기 시작했다고 알려져 있다. 에스프레소라는 용어는 현대의 에스프레소 머신이 존재하기 전인 1880년대에 이미 사용되기 시작했다. 처음의 뜻은, 고객의 주문에 맞추어 (expressly) 추출한 신선한 커피라는 의미였다. 당시 카페의 고객들은 지금처럼 바쁜 사람들이 많았기 때문에, 일터로 가기 위해서 주문하고 5분을 기다리기 힘든 사람들에게 신속하게 커피를 추출해서 제공할 필요가 있었다. 증기를 이용한 커피 추출 방식이 1896년 고안되었는데, 1시간에 3,000잔을 추출할 수 있다는 것 때문에 관심을 끌긴 했지만, 맛은 최악이었다. 증기의 온도가 커피 추출에 적당한 온도보다 훨씬 높았기 때문에 커피의 향이 제대로 살지 못했던 까닭이었다.

1901년 이탈리아의 발명가 루이기 베체라(Luigi Bezzera)가 비로소 실용적인 에스프레소 머신을 발명했고, 1905년 파보니 회사가 이 기계를 제작 판매하기 시작했다. 이 기계도 증기를 이용하기는 했지만, 증기로 커피를 추출하는 것이 아니라 물의 압력을 높여서 원두 분말을 통과하며 추출하는 방식이었다. 금속으로 된 필터나 탬퍼 등의 구조는 지금의에 에스프레소 머신의 구조와 매우 유사했다. 1920년에서 1950년대 중반까지 머신은 계속 개선되었고, 마침내 커피 추출에 적정한 온도인 90℃ 정도에서 커피를 추출할 수 있게 되었다.

Espresso에 대한 이해

🍮 크레마

신선한 커피에서 나오는 지방 성분과 선물이 결합하여 생선의 미세한 거품으로, 에스께해의 독특한 맛과 향을 품고 있으며 커피의 표면에 덮여 온도를 오래 유지해 주는 효과가 있다.

적당한 양의 커피를 넣고 잘 다져주어 추출했다면 커피의 모양이 진득한 꿀처럼 떨어지면서 추출된다. 25초 정도에 플레이버가 풍부한 25~30ml의 에스프레소가 추출되며, 색은 짙은 갈색을 띤 황금색 크레마가 3~5mm 표면에 만들어진다.

크레마는 휘발성이므로 시간이 지남에 따라 점차 사라지지만, 오래 지속되는 것이 좋고(지속력), 스푼으로 크레마를 밀어봤을 때 바로 당겨오며 검은 액체(커피)가 보이지 않아야 한다(복원력). 또한, 설탕을 넣었을 때 바로 밑으로 빠지지 않고, 마치 늪에 빠지는 것 같은 느낌으로 천천히 머금고 떨어져야 한다(유지력).

완벽한 에스프레소 추출을 이루었을 때 타이거 벨트(Tiger Belt)를 볼 수 있는데, 벨트(belt)라 하여 띠 문양을 연상하기 쉬우나 표면에 호피 무늬처럼 점점이 찍혀 있는 느낌을 말한다. 때문에 추출 시 타이거 벨트를 보기위해 많은 연습과 노력을 기울여야 할 것이다.

Espresso에 대한 이해

과대 추출

추출 버튼을 누르자마자 커피가 물처럼 콸콸 빠르게 추출되는 것으로, 10~20초 안에 30ml가 추출된다. 특징은 크레마의 색상이 연하고 금방 사라지며 향이 없으며 바디감이 없고, 싱거운 물 같은 커피가 나온다.

원인

• 분쇄된 커피가 너무 굵은 경우 : 커피가 정상적으로 추출되기도 전에 물이 통과해서 과하게 표현하면 콸콸 흘러내려온다.

• 너무 약한 탬핑을 했을 경우 : 약하게 다져진 커피 가루는 머신에서 나오는 9 기압을 견디지 못해 빠르게 물이 통과한다. 포터 필터에 담은 커피의 양이 적은 경우, 추출하는 물의 온도가 너무 낮은 경우도 해당된다.

해결방법

• 커피의 분쇄도 부분이 가장 큰 실수 이며, 그 다음이 커피의 양이 적은 것이다. 조금 더 곱게 분쇄도를 조절 해주고 양을 정확하게 (7~9그램/잔당) 맞춰서 도징 하는 것이 중요하다.

Espresso에 대한 이해

☕ 과소 추출

과소 추출은 버튼을 누른 뒤 한참 지나서 검은색 커피가 방울방울 똑똑똑 조금씩 떨어지면서 추출되는데, 30~40초 안에 10~15ml 정도로 더디게 추출된다. 쓴맛과 탄맛이 나며 크레마의 색깔이 진한 갈색으로 잔과 닿는 부분에 검은색 띠가 생긴다.

원인

- 커피 분쇄도가 너무 가늘게 분쇄했을 경우 : 물이 커피 층을 제대로 통과하지 못한다. 그러한 결과 매우 적은 양의 커피가 추출된다.
- 탬핑을 너무 세게 했을 경우 : 추출되는 물의 압력과 밀도가 맞지 않아 느리게 추출된다.
- 포터 필터 안에 너무 많은 양의 커피를 넣었을 경우
- 추출되는 온도가 너무 높을 경우

해결

분쇄도를 더 굵게 하거나 양을 적게 도징한다.

Espresso에 대한 이해

 그라인더

에스프레소 머신만큼 중요한 것이 바로 그라인더다.

카페를 선택하여 들어갈 때 입구에 다양한 수의 그라인더가 있는 카페에 들어가라고 권하고 싶다. 그러한 이유는 커피의 종류에 따라 분쇄도를 달리하기 때문이다.

원두의 크기가 균일한 크기로 분쇄되어야 물과 만나는 면적이 일정해져 맛있는 커피가 추출되고 원두의 크기가 균일하지 않으면 커피의 맛이 들쑥날쑥하게 된다.

앞에서 다루었듯이 커피의 분쇄도는 추출 기구에 따라 달라지는데, 에스프레소의 추출을 위한 분쇄도는 0.01~0.3mm로, 일반적으로 '밀가루보다 굵게 설탕보다 가늘게'라고 말한다. 하지만 그런 미세한 분쇄를 손으로 감지하기는 어렵기 때문에 균일하게 분쇄해 주는 그라인더를 이용하는 것이 좋다.

Espresso에 대한 이해

🫙 입자 조절판

그라인드의 분쇄도 조절 시 나사로 조절한다. 밑에 있는 분쇄 날이 고정되어 시계 방향으로 돌리면 숫자가 커지면서 입자가 굵어지고 시계 반대 방향으로 돌리면 입자가 가늘게 분쇄된다. 단, 조금만 돌려도 분쇄도의 차이가 크기 때문에 반 눈금 정도씩 돌려가며 맞춘다. 맞춘 후에는 전에 맞춘입자로 분쇄된 커피 가루를 모두 뺀 후 추출한다.

🫙 호퍼

그라인더 날 위쪽에 원두를 보관하는 통을 말한다. 업소용의 경우 호퍼 안에 1kg 정도의 원두가 들어가는데 영업이 끝난 뒤에도 계속 보관하면 원두에서 나온 기름이 달라붙어 산화될 수 있다. 영업이 끝난 뒤에는 곧바로 호퍼를 분리해 흐르는 물에 세척한다. 단, 강한 수세미로 닦으면 미세한 흠집이 나서 기름이 틈새에 낄 수 있으니 부드러운 것을 이용하는 것이 좋다.

🫙 도저

레버를 당기면 일정량을 포터 필터로 떨어뜨려 주는 역할을 한다. 하지만 커피를 추출할 때는 즉시 갈아서 사용해야 향이 날아가지 않고 신선하니 그라인더를 작동하면서 도저의 레버를 당겨 바로 포터 필터에 담는 것이 좋다. 도저 안에 커피 가루를 담아놓으면 공기와 만나 산패가 빠르게 진행 되므로 주의한다(유효시간은 30분 이내로 한다). 도저 역시 마감할 때도 저 안의 커피를 붓으로 털어버리고 깨끗이 청소한다.

라떼아트에 대한 이해

라떼 아트(Latte Art)

하트

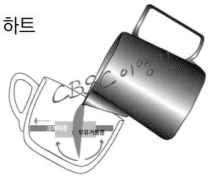

거품층이 잔의 모서리 가운데를 중심으로
형성된다.

로제타

거품층이 잔의 가장자리부터 형성된다.

라떼아트에 대한 이해

라떼아트에 대한 이해

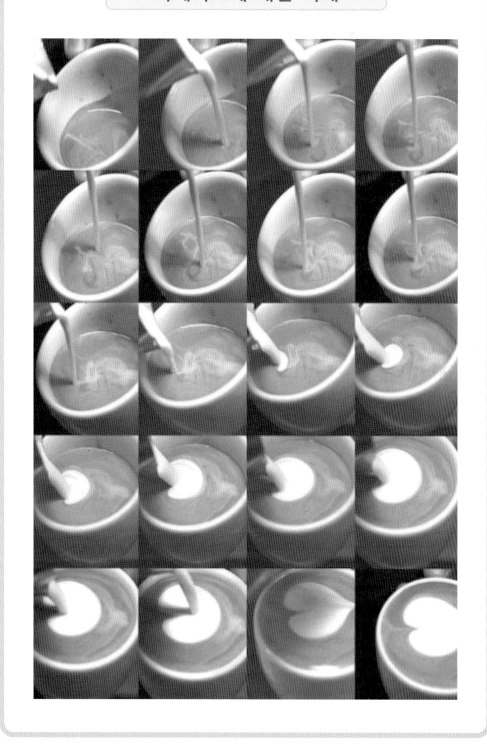

라떼아트에 대한 이해

카페 바리스타 실기

04

바리스타 실기 구술평가

바리스타 실기 구술평가 문항

01 잔을 예열하는 이유는?

- 커피의 맛있는 온도를 유지하기 위해서

02 보조 피처를 예열해두는 이유는?

- 스티밍한 우유를 따를 때, 우유의 따뜻함을 유지하기 위해서

03 잔 예열은 몇℃ 가 적당한가?

- 65~70℃

04 예비 추출을 하는 이유는?

- 그라인더로 분쇄된 원두가 머신으로 알맞게 추출되는지를 확인하기 위해서

05 스팀 노즐용 행주는 왜 젖은 행주를 사용하는가?

- 스팀완드에 묻어 있는 우유를 깨끗하게 잘 닦아주지 않으면 스팀완드에 묻어 있던 우유 찌꺼기가 열에 의해 금방 굳게되어 좋지 않은 냄새가 날 수 있는데, 마른행주로는 우유 거품이 잘 닦이지 않다.

Memo

바리스타 실기 구술평가 문항

06 탬퍼용 행주는 왜 마른 수건인가?

- 물이 고르게 통과할 수 있도록 커피 입자 사이의 밀도가 균일해야 하는데, 젖은 행주를 사용하면 커피 표면이 패거나 밀도가 고르지 않게 될 수 있다.

07 에스프레소 머신의 적당한 추출 압력은?

- 9기압

08 에스프레소의 뜻은?

- 가늘게 분쇄한(1mm 이하) 커피 원두를 한 잔에 약 7~9g의 커피로 23~30초 사이에 1oz(25~30ml)의 양을 데미타세(Demirase)라는 에스프레소 전용 작은 잔에 추출한 커피

09 에스프레소의 추출량은?

- 25~30ml

10 에스프레소 추출량에 따른 명칭은?

- 리스트레또(Ristretto) : 에스프레소를 진하게 뽑는 것(10~15초, 15~20ml)
- 에스프레소(Espresso) : 25~30초, 25~30ml
- 롱고(Lungo) : 에스프레소보다 추출 시간을 길게 하여 양이 많이 추출된 것(40~50ml)
- 도피오(Dopio) : 리스트레또, 에스프레소, 롱고를 두 배로 뽑는 것

Memo

바리스타 실기 구술평가 문항

11 **크레마의 의미와 중요성은?**

- 에스프레소 추출 시, 커피 윗부분에 깔리는 거품을 크레마(Crema)라고 부른다.
- 크레마의 형성된 양을 통해 에스프레소의 품질을 판단하기도 한다. 크레마는 커피가 식지 않게 하고, 산소를 차단하여 아로마 성분들을 유지해 준다.

12 **에스프레소보다 10ml 정도 길게 추출 시 명칭은?**

- 롱고(Lungo)

13 **더블 에스프레소를 다른 말로?**

- 도피오(Dopio)

14 **카푸치노의 뜻은?**

- 카푸치노는 에스프레소에 우유와 거품이 조화를 이루는 커피 메뉴로 150~200ml잔에 제공되며 기호에 따라 시나몬, 초콜릿 가루를 토핑 할 수도 있다.

15 **카푸치노와 라떼의 차이점은?**

- 카푸치노와 거품 비율은 1/3 이상, 카페라테의 거품 비율은 1/4 이하

Memo

바리스타 실기 구술평가 문항

16 **우유 스티밍 시 적당한 온도는?**

- 70℃ (65~71℃)

17 **에스프레소 머신의 스팀압력은?**

- 1~1.5bar의 압력

18 **바리스타란 무엇인가?**

- 에스프레소 커피를 중심으로 하는 높은 수준의 커피에 대한 경험과 지식을 가지고 커피의 종류와 에스프레소 품질, 종류, 로스트 정도, 장비의 관리, 라떼아트 등의 커피에 대한 지식을 바탕으로 숙련된 커피를 만들어 내는 사람

19 **바리스타의 업무란?**

- 고객에게 커피와 기타 음료를 서비스 하는 것. 좋은 원두 및 부재료 구입, 저장, 재고관리, 판매촉진, 고객을 유치시키는 일, 기계 관리, 기계 및 식기류의 청결
- 상태 점검

20 **커피란 무엇인가?**

- 커피나무 열매의 씨를 볶아서 만든 원두나 가루를 원료로 한 독특한 맛과 향을 지닌 기호음료

Memo

바리스타 실기 구술평가 문항

21 **아라비카와 로부스타 품종의 차이점은?**

분류	아라비카	로부스타
원산지	에티오피아	콩고
재배고도	해발 600~800m 이상	해발 200~600m
생두의 모양	평평하고 길며, 센터컷이 굽어 있음	볼록하고 둥글며 센터컷이 거의 일직선
생두의 색깔	진한 녹색이며 때때로 푸른 색조	푸른 녹색이며 갈색 또는 회색
가공방법	대부분 수세가공(습식법)	자연건조가 많음(건식법)
카페인 함유량	-	아라비카보다 2배정도 높음
용도	고급품종 원두커피의 원료	저급품종 인스턴트 커피의 원료

22 **로스팅(배전)이란?**

• 생두에 열을 가하여 속에 잠재되어 있는 독특한 맛과 향기를 발현시키는 과정

23 **블렌딩(배합)이란?**

• 서로 다른 종류의 커피, 원두, 생산지를 섞는 것을 말한다.
• 커피의 고유맛과 향기를 더욱 다양하게 만드는 기술

배합하는 이유는? [목적]

• 첫째, 다양한 맛과 향기를 만들어 낸다.
• 둘째, 커피콩의 공급과 품질이 일정하지 않을 때 대체 콩으로 품질을 유지한다.
• 셋째, 고유 향미를 유지하면서 원가가 낮은 커피콩은 사용하므로 수익이 향상된다.

카페 바리스타 실기

05

바리스타 예상문제

바리스타 예상문제 1

01 현재 우리가 알고 있는 커피가 '커피'라고 불리기 시작한 시기는?

① 1550년 무렵부터　　　　② 1600년 무렵부터

③ 1650년 무렵부터　　　　④ 1700년 무렵부터

02 02. 커피의 다양한 맛과 그 맛의 근원이 되는 성분이다. 틀린 것은?

① 신맛 – 지방산　　　　② 쓴맛 - 카페인

③ 단맛 - 당질　　　　④ 떫은맛 - 리놀레산

> **해설** · 리놀레산은 신맛의 원인인 지방산 중 필수 지방산이다.

03 국가별 커피 표현법 중 틀린 것은?

① 일본 - 코히(コ-ヒ-)　　　② 베트남 - Caphe

③ 러시아 - Kophe　　　　④ 이탈리아 - Kaffee

> **해설** · 이탈리아 – caffe, 독일 – kaffee

04 오늘날 상업적으로 재배되는 커피의 3대 원종에 속하지 않는 것은?

① 아라비카　　　　② 레귤러

③ 로부스타　　　　④ 리베리카

> **해설** · 커피의 3대 원종 : 아라비카종, 로부스타종, 리베리아종(=리베리카종)

05 커피의 품종 중 전 세계 재배의 75%~80%를 차지하고 있는 것은?

① 아라비카　　　　② 카네포라종의 변이종

③ 로부스타　　　　④ 리베리카

> **해설** · 카네포라종의 변이종 = 로부스타종

06 커피는 6~7세기경 에티오피아의 기원에 따라 염소가 붉은 열매를 먹고 하는 행동을 통해 커피를 발견한 사람은?

① 칼디　　　　② 노르망

③ 실비우스　　　　④ 제우스

바리스타 예상문제 1

07 17세기 말까지 세계의 커피 공급은 어느 지역에 의존하였는가?

① 이탈리아　　　　　　　② 예멘
③ 파리　　　　　　　　　④ 메독

08 16세기경 커피에 코페아 아라비카라는 이름을 붙여 준 학자는?

① 리니우스　　　　　　　② 코페
③ 테란　　　　　　　　　④ 리브수

09 커피가 세계 각국으로 전파되었던 시기로 적당한 것은?

① 16세기 전후　　　　　② 17세기 전후
③ 18세기 전후　　　　　④ 19세기 전후

10 세계에서 가장 큰 커피 소비국은?

① 일본　　　　　　　　　② 인도
③ 미국　　　　　　　　　④ 프랑스

11 우리나라의 기록상 커피를 가장 먼저 마신 사람은 누구인가?

① 고종황제　　　　　　　② 시인 이상
③ 박영효　　　　　　　　④ 김홍집

12 커피나무의 원산지로서 현재 정설로 받아들여지는 지역은?

① 아라비아　　　　　　　② 영국
③ 에티오피아　　　　　　④ 말레이시아

정답 ▶ 01. ③ 02. ④ 03. ④ 04. ② 05. ① 06. ① 07. ② 08. ① 09. ② 10. ③ 11. ① 12. ③

바리스타 예상문제 1

13 오늘날의 음료로서의 커피로 발전되었던 지역은?

① 아라비아 ② 영국

③ 에티오피아 ④ 말레이시아

14 유럽 최초의 커피 하우스로 이탈리아 베네치아에서 개점한 연도는?

① 1578년 ② 1645년

③ 1674년 ④ 1798년

15 우리나라 최초로 고종황제가 커피를 접한 시기는?

① 1645년 ② 1825년

③ 1882년 ④ 1896년

16 아라비아반도 고원지대에서 생산하는 아라비카종으로서의 커피 수출항이던 곳은?

① 모카 ② 레반토

③ 아덴 ④ 바타비아

해설 · 모카항의 이름에서 모카커피가 비롯됨

17 세계 커피 생산량의 약 30%를 차지하고 세계 최대의 커피 생산국은?

① 에티오피아 ② 콜롬비아

③ 미국 ④ 브라질

18 '커피의 원산지'라는 자부심을 가지고 있으며 커피를 단지 음료가 아닌 전통문화로까지 계승하고 있는 나라는?

① 에티오피아 ② 브라질

③ 그리스 ④ 독일

바리스타 예상문제 1

19 **커피 재배에 관한 설명이다. 맞지 않는 것은?**

① 커피 음용이 시작된 초기, 커피는 예멘에 모여서 일부는 육로로 대부분은 홍해항로를 따라 각지로 운반되었다.

② 1658년 네덜란드는 포르투갈로부터 빼앗은 실론에 모카로부터 커피나무를 옮겨 재배해서 성공했다.

③ 아프리카지역에서 발생한 사비병(coffee leaf rust)으로 인해 오히려 번성한 품종은 아라비카종이다.

④ 1600년대 동인도회사를 설립하여 바타비에 근거를 두고 커피의 재배지역을 확보한 나라는 네덜란드이다.

해설 ▸ 곰팡이에 의한 사비병에 강한 품종은 로부스타종이다. 즉, 사비병이 퍼짐에 따라 상대적으로 저항성이 좋은 로부스타종이 번성하게 된다.

20 **여행가들이 "커피를 추출하고 마시는 것에 관련된 예절과 법도가 있다."라고 할 정도로 커피를 마시기 전에 절을 하고 상대를 존경한다는 표현하는 문화를 가지고 있는 지역은?**

① 이탈리아   ② 그리스
③ 아랍   ④ 프랑스

21 **커피를 마시고 난 후에 잔을 엎어서 커피가 그리는 모양으로 자신의 앞날을 예측하는 커피점(占)으로 유명한 나라는?**

① 오스트리아   ② 체코
③ 그리스   ④ 에콰도르

정답 ▸ 13.① 14.② 15.④ 16.① 17.④ 18.① 19.③ 20.③ 21.③

바리스타 예상문제 1

22 다음은 이탈리아의 커피문화에 대한 설명이다. 잘못 설명한 것은?

① '카푸치노'로 유명한 문화
② 이른 아침 노천카페와 길거리에서 수다스러운 입담과 함께 커피를 마신다.
③ 강하게 볶은 원두를 곱게 분쇄한 커피 가루를 사용하여 데미타스 잔에 담아 그대로 마신다.
④ '틴토(tinto)'를 마시는 나라

해설 • '틴토(tinto)'는 콜롬비아의 대표적 커피이다.

23 다음은 무엇에 관한 설명인가?

> 뜨거운 물 속에 흑설탕을 넣고 끓여서 녹인 후 불을 끄고 커피 가루를 넣고 저은 뒤 가루가 모두 가라앉을 때까지 5분쯤 두었다가 맑은 커피만을 마시는 것

① 러시안 커피(Russian Coffee) ② 콜롬비아의 틴토(tinto)
③ 카페라테 ④ 카페오레

24 다음은 어느 나라의 커피문화에 대해 열거한 것인가?

> ㉠ 차(茶)에 세금을 부과한 타운젠트 법안이 통과되면서 커피를 마시기 시작
> ㉡ 하루 4천 5백만 잔의 커피를 마셔대는 대량 소비국

① 미국 ② 영국
③ 이탈리아 ④ 브라질

바리스타 예상문제 1

25 다음은 각 나라와 대표적 커피를 연결한 것이다. 올바르지 못한 것은?

① 러시아 - 러시안 커피(Russian Coffee)

② 프랑스 - 카페오레

③ 오스트리아 - 카페 로열

④ 콜롬비아 - 틴토(tinto)

해설 • 오스트리아는 비엔나커피로 유명하다. '카페 로열'은 커피에 코냑을 넣어 먹는 프랑스 문화이다.

26 다음에 열거한 커피문화 중 우리나라와 관련이 있는 것들로 바르게 연결된 것은?

> ㉠ 커피를 '嘉俳茶(가배차)'라고 기록한 문헌이 있다.
> ㉡ 최초의 서양식 호텔인 손탁호텔이란 곳에 최초의 커피숍 등장
> ㉢ 최초의 커피숍으로 '정동구락부'
> ㉣ 커피에 의한 독살 음모 사건

① ㉠

② ㉠, ㉡, ㉣

③ ㉠, ㉢, ㉣

④ ㉠, ㉡, ㉢, ㉣

27 커피나무 중 아라비카종에 대한 설명 중 틀린 것은?

① 재배 고도는 해발 800m 이상

② 병충해에 약함

③ 성장 속도는 빠르나 쓴맛이 강하고 향미가 약하다

④ 평평한 모양으로 기다랗고 초록빛이 도는 파란색

정답 ▶ 22. ④ 23. ② 24. ① 25. ③ 26. ④ 27. ③

바리스타 예상문제 1

28 커피 열매 속에는 대부분 두 쪽의 열매가 들어 있다. 그런데 씨가 하나밖에 없는 경우가 있고 그 모양이 둥근 형태인데 이것을 무엇이라 하는가?

① 피어리   ② 피베리

③ 피넬리   ④ 피카리

29 커피존 또는 커피벨트는 지구상의 위치는?

① 북위 23~남위 24도 사이   ② 북위 28~남위 30도 사이

③ 북위 20도 이하   ④ 남위 10도 이상

30 다음에 열거한 것 중 커피 열매의 내부구조와 관련이 없는 것은?

① center cut   ② cherry

③ 은피   ④ 내과피

> **해설** • cherry는 커피나무에 착상된 과실(커피 열매)이 외형적 색이나 형태가 앵두와 비슷하다 하여 부르는 별명

31 다음은 커피의 정제법 중 건식법에 대한 설명이다. 틀린 것은?

① 정제 기간이 약 2주 정도 필요하다.

② 비용이 많이 들기는 하지만 좋은 품질의 커피를 얻을 수 있다.

③ 아주 오랜 옛날부터 사용되던 방식으로 인공 건조와 자연건조가 있다.

④ 건조탑이라는 설비를 해야 하는 것은 건식법 중 인공 건조에 해당한다.

> **해설** • ②는 습식법에 대한 설명이다.

32 하루에 50kg에서 100kg의 체리를 수확하는데 이중 원두가 차지하는 비율은?

① 10%   ② 20%

③ 30%   ④ 40%

바리스타 예상문제 1

33 다음 빈 곳에 들어갈 말로 맞는 것은?

> 커피 과실이 숙성함에 따라 2개의 배유(胚乳)는 서로 마주 본 평면 부위가 접혀 내부로 들어간 모양이 되고, 평면 부의 중앙에 (　　) 라고 불리는 공간이 존재하게 된다. 배는 배유(胚乳)의 가운데 모여 있고, 과육과 내과피(內果皮)의 사이, 내과피(內果皮)와 은피(銀皮)의 사이, 은피(銀皮)와 배유(胚乳)의 사이 및 (　　) 내 에서는 점질물이 모여 있다.

① flat bean   ② mucilage

③ silver skin   ④ center cut

해설 • flat bean : 커피 열매의 평평한 형태를 일컬어 부르는 말(flat : 평평한, bean : 콩)
　　　 • mucilage : 커피 열매 내부에 들어 있는 점질물
　　　 • silver skin : 은피

34 다음은 커피의 정제법 중 건식법에 대한 설명이다. 틀린 것은?

① 별도의 설비에 대한 투자가 필요하지 않을 수도 있는 방법이다.

② 자연법이라고도 하며 기계를 사용하거나 자연광을 이용해 3일 정도 건조한다.

③ 체리의 윗부분과 아랫부분을 자주 고루 섞어주어야 하며, 밤에는 이슬을 피하고자 한곳에 모아 덮개를 씌워주어야 한다.

④ 인건비가 비쌀 때는 건조탑이라는 시설을 이용하여 자연 건조한다.

해설 • 건식법은 2~3주 정도의 건조 기간이 소요된다.

정답 ▶ 28. ② 29. ② 30. ② 31. ② 32. ② 33. ④ 34. ②

바리스타 예상문제 1

35 다음은 커피의 정제법 중 습식법에 대한 설명이다. 틀린 것은?

① 시멘트나 콘크리트로 만들어진 건조장이나 맨땅을 이용한다.

② 비교적 현대적인 방법이다.

③ 비용은 많이 들지만 좋은 품질의 커피를 얻을 수 있다.

④ 대부분 아라비카 커피의 생산국에서 사용되고 있는 방법이다.

> **해설** · ①은 건식법에 해당한다.

36 다음은 커피의 정제법 중 습식법에 대한 설명이다. 맞는 것은?

① 끈적끈적한 점액질(pectin)을 제거하기 위해 기계(huller)를 이용한다.

② 좋은 품질을 얻기 위해 출하와 무관하게 내과피를 빠르게 제거해야
한다.

③ 발효의 과정을 거친다.

④ 외피와 과육을 제거하기 위한 별도의 장비가 필요치 않은 것이 특징
이다.

37 배합의 법칙 중 틀린 것은?

① 콩의 성격을 잘 알아야 한다.

② 원두는 품질이 안정된 것을 사용한다.

③ 개성이 있는 원두를 주축으로 하고 그 위에 보충의 원두를 배합한다.

④ 원두의 품질은 불규칙적으로 변화 가능성 있는 것이 좋다.

38 배전 방식의 분류 중 틀린 것은?

① 롱 타임 로스팅(Long time roasting)

② 숏 타임 로스팅(Short time roasting)

③ 원 타임 로스팅(One time roasting)

④ 인터메 로스팅(Intermediate time roasting)

바리스타 예상문제 1

39 다음은 어떤 종류의 배전기에 대한 설명인가?

> 가장 오래되고 가장 일반적인 배전기로 원통형의 드럼을 가로로 눕힌 형태를 하고 있다. 드럼이 회전하는 것에 의해 원두가 골고루 섞이며 배전되고, 배전이 끝나면 앞쪽의 문을 열어 원두가 냉각기(cooling car)로 방출되도록 하는 방식을 택하고 있다.

① 직화식 배전기(Conventional Roaster)
② 열풍식 배전기(Rotary fluidized bed roaster)
③ 숯불 배전기(Charcoal Roaster)
④ 마이크로웨이브 배전기(Micro-wave roaster)

40 배전기 중 1970년대 일본에서 개발된 것으로 열원으로 숯을 이용하는 것은?

① 숯불 배전기   ② 직화식 배전기
③ 열풍식 배전기   ④ 마이크로웨이브 배전기

41 원두를 이용, 우리가 마시는 음료를 만들기 위해서는 배합(blending)을 거친 후 세가지 공정을 반드시 거쳐야 하는데 그 공정에 속하지 않는 것은?

① 배전(roasting)   ② 분쇄(grinding)
③ 제조(making)   ④ 추출(brewing)

42 두 가지 종류 이상의 커피를 혼합하는 것으로, 궁합이 잘 맞는 커피들끼리 혼합하여 맛과 향의 상승효과를 얻고자 함이 그 목적인 과정을 무엇이라 하는가?

① 배전(roasting)   ② 분쇄(grinding)
③ 배합(blending)   ④ 추출(brewing)

정답 35. ① 36. ③ 37. ④ 38. ③ 39. ① 40. ① 41. ③ 42. ③

바리스타 예상문제 1

43 커피 블렌딩(Coffee Blending)에 관한 설명이다. 맞지 않는 것은?

① 맛보다는 경제적인 목적, 즉 원가절감 차원에서의 커피 블렌딩이 이루어지는 경우도 상당히 많다.

② 커피를 볶는 과정으로 우리가 마시기 위해 반드시 거치게 된다.

③ 우리나라에서 볼 수 있는 원두커피는 국산이건 수입이건 관계없이 거의 100% 블렌딩 커피이다.

④ 커피 블렌딩의 시점은 로스팅 전 생두 블렌딩과 로스팅 후 원두 블렌딩으로 구분된다.

> **해설** · ②는 배전(roasting)에 관한 설명이다.

44 좋은 블렌딩을 위한 준비로 맞지 않는 것은?

① 특유의 맛과 향을 혀로 익히려고 스트레이트로 마시는 것은 좋지 않다.

② 상반되는 성질의 커피를 사용하여 밸런스가 좋은 커피를 만들어 본다.

③ 같은 성질의 커피를 축으로 하고 다른 성질의 커피를 액센트로서 사용하여 일부 맛을 강조한 커피를 만들어 본다.

④ 특정의 커피를 축으로 하고, 이 특징을 잃지 않을 정도로 다른 커피를 가하여 특정의 커피 특징을 살리면서도 조화롭고 중후한 커피를 만들어 본다.

> **해설** · 오히려 여러 종류를 스트레이트로 마셔 특유의 맛과 향을 혀로 익히는 것이 좋다.

45 훌륭한 블렌딩의 요령으로 적합하지 않은 것은?

① 원두는 신선하고 좋은 것이어야 한다.

② 각 원두의 특성을 정확하게 파악하여야만 한다.

③ 브라질 등 짙은 맛이 있는 원두를 베이스로 특성 있는 원두를 배합한다.

④ 유사한 맛이 있는 원두 배합이 이상적이다.

> **해설** · 유사한 맛이 있는 원두 배합은 피하는 것이 좋다.

바리스타 예상문제 1

46 **배전(roasting)에 관한 설명이다. 맞지 않는 것은?**

① 우리가 커피를 마시기 위해서 볶는 과정을 말한다.

② 커피는 배전에 의해 연한 초록색에서 갈색으로 변하는 것이 일반적이다.

③ 무게는 10~20% 증가하게 된다.

④ 수분함량이 떨어지며 부피가 2배 정도 증가한다.

해설 · 무게는 10~20% 줄게 된다.

47 **배전(roasting)에 관한 설명이다. 맞지 않는 것은?**

① 원두는 약하게 볶으면 신맛이 강해진다.

② 원두는 강하게 볶으면 쓴맛이 강해진다.

③ 원두의 부피와 무게의 변화는 200℃ 이상의 고온에서 일어난다.

④ 강하게 볶으면 볶을수록 향이 점점 강해진다.

해설 · 너무 강하게 볶으면 향이 없어지게 된다.

48 **배전 시 물리적, 화학적 변화에 대한 설명이다. 맞는 것은?**

① 부피가 약 50% 팽창하고 내부가 다공성으로 변한다.

② 무게가 14~20% 증가한다.

③ 당분의 일부는 SO_2 gas로 변화하고 방출되기 시작한다.

④ 당분의 일부는 기체화되어 간다.

정답 43. ② 44. ① 45. ④ 46. ③ 47. ④ 48. ①

바리스타 예상문제 1

49 다음은 배전(roasting)의 과정 중 어느 것에 관한 설명인가?

하프 시티 로스트로 알려져 있다. 커피를 캔으로 포장해 수출할 때 주로 사용되는 방법인데 질 좋은 커피를 이 방법으로 볶는 것은 현명하지 못하다.

① 라이트 로스트(Light Roast) ② 미디엄 로스트(Medium Roast)
③ 하이 로스트(High Roast) ④ 시나몬 로스트(Cinnamon Roast)

50 다음은 배전(roasting)의 과정 중 어느 것에 관한 설명인가?

뛰어난 신맛을 갖는 원두이며 그 신맛을 즐기고 싶다면 이 원두가 최적이다. 누런색이던 원두가 계피 색을 띠게 된다.

① 라이트 로스트(Light Roast) ② 미디엄 로스트(Medium Roast)
③ 시티 로스트(City Roast) ④ 시나몬 로스트(Cinnamon Roast)

51 다음은 배전(roasting)의 과정 중 어느 것에 관한 설명인가?

시티, 아메리칸, 레귤러, 아침 식사용 로스트라 불린다. 다목적이며 미국 사람들이 특히 좋아하며 아침 식사용 또는 우유와 설탕을 넣어 마시는 일반적인 커피에 좋다.

① 라이트 로스트(Light Roast) ② 미디엄 로스트(Medium Roast)
③ 다크 로스트(Dark Roast) ④ 시나몬 로스트(Cinnamon Roast)

바리스타 예상문제 1

52 다음은 배전(roasting)의 과정 중 어느 것에 관한 설명인가?

> 단맛이 나기 시작하는 단계이다. 가장 일반적인 단계로 갈색의 커피가 된다.

① 시티 로스트(City Roast) ② 미디엄 로스트(Medium Roast)
③ 하이 로스트(High Roast) ④ 에스프레소 로스트(Espresso Roast)

53 다음은 배전(roasting)의 과정 중 어느 것에 관한 설명인가?

> 하이, 비엔나 로스트라 불린다. 원두에서 나온 기름이 막 표면을 가열하기 시작했을 때의 콩이며 색은 짙은 황갈색이며 기름 때문에 약간 광택이 난다.

① 다크 로스트(Dark Roast) ② 미디엄 로스트(Medium Roast)
③ 프렌치 로스트(French Roast) ④ 에스프레소 로스트(Espresso Roast)

54 다음은 분쇄과정에 관한 설명이다. 틀린 것은?

① 좋은 한잔의 커피를 얻기 위한 4대 요소 중 하나다.
② 물과 커피 입자의 접촉시간이 길어질수록 분쇄된 커피 입자의 크기는 커져야 한다.
③ 장식용으로도 많이 애용되는 핸드밀의 경우 정교하지 않은 제품으로도 고른 분도를 얻을 수 있다.
④ 커피 추출 시간이 길면 굵게 분쇄하고, 짧으면 곱게 분쇄한다.

해설 • 장식용으로도 많이 애용되는 핸드밀의 경우 웬만큼 정교한 고급품이 아니고는 고른분도를 기대하기 어렵다.

정답 49.① 50.④ 51.② 52.③ 53.① 54.③

바리스타 예상문제 1

55 로스팅된 커피 원두의 가치를 최대한 살려내기 위한 바람직한 커피 분쇄 방법이 아닌 것은?

① 추출 방법에 알맞은 분도를 선택

② 장식용으로도 많이 애용되는 핸드밀을 선택

③ 분쇄과정에서 발열과 미분을 최소화하면서 분쇄커피에 섞여 있는 삽피를 가능한 많이 걸러내는 것

④ 선택된 분도에 따라 분쇄된 커피 입자의 크기가 일정하게 고른 분도를 유지

56 다음은 분쇄과정에 관한 설명이다. 틀린 것은?

① 분쇄 시 발생하는 삽피는 커피 맛에 긍정적인 영향을 끼친다.

② 분쇄할 때 생기는 커피 먼지 같은 미분이 커피의 맛과 향에 부정적인 영향을 끼친다.

③ 커피 원두를 분쇄할 때 원두에 가해지는 강한 충격과 동시에 발생하는 마찰열로 인하여 미분이 발생한다.

④ 커피를 분쇄할 때 그라인딩 방식은 마찰열이 많이 발생하게 된다.

> **해설** • 커피 원두를 분쇄하고 나면 커피 원두 내부에 숨겨져 있었던 커피 껍질(실버스킨)이 나타나게 된다. 이 껍질을 '삽피'라고 한다. 이 삽피는 불쾌한 쓴맛과 떫은맛으로 커피 맛에 부정적인 영향을 끼친다.

57 생두를 볶아서 분쇄한 커피(ground coffee)로부터, 물을 이용하여 맛과 향을 내는 가용성 성분을 최대한 용해시켜서 뽑아내는 과정을 무엇이라 하는가?

① 배전(roasting)

② 분쇄(grinding)

③ 배합(blending)

④ 추출(brewing)

바리스타 예상문제 1

58 **커피 분쇄 시 유의해야 할 사항을 나열한 것이다. 틀린 것은?**

① 전용 그라인더를 갖추는 것이 좋다.

② 미분과 삽피의 제거를 게을리하지 말아야 한다.

③ 처음에는 약간의 원두만을 분쇄한 후 그 분쇄커피를 버린 다음에 본 격적인 커피 분쇄를 한다.

④ 미리 분쇄한 커피를 밀폐용기 등에 담아 놓고 추출할 때마다 꺼내 쓰면 신선하고도 원두의 맛을 제대로 살린 커피를 즐길 수 있다.

해설 · 가능하다면 커피를 추출하기 직전에 원두를 분쇄해야 신선하고도 원두의 맛을 제대로 살린 커피를 즐길 수 있다.

59 **다음은 추출에 관한 설명이다. 틀린 것은?**

① 커피 향미 성분들이 각각 다른 속도로 추출되기 때문에 추출방법에 따라서도 달라질 수도 있다.

② 일반적으로 추출시간이 길면 가는 입도가, 짧으면 굵은 입도가 적합하다.

③ 일반적으로 좋은 성분이나 향기, 상큼한 맛, 달콤한 맛은 먼저 추출된다.

④ 추출 커피의 품질은 향미 성분의 농도와 추출 수율의 균형에 의하여 결정된다.

해설 · 일반적으로 추출시간이 길면 굵은 입도가, 짧으면 가는 입도가 적합하다.

정답 55. ② 56. ① 57. ④ 58. ④ 59. ②

바리스타 예상문제 1

60 **다음은 추출의 방법을 설명한 것이다. 바른 것은?**

분쇄커피를 뜨거운 물에 넣고 일정한 시간 끓이는 방법으로 가용성 성분이 많이 추출된다.

① 삼출(percolation) ② 진공 여과(vacuum filtration)
③ 달이기(decoction, boiling) ④ 가압 추출(pressurized infusion)

61 **다음은 추출의 방법을 설명한 것이다. 바른 것은?**

침출식 커피 추출의 한 변형으로, 하부 챔버에서 만들어진 수증기압은 뜨거운 물을 커피가 담겨 있는 상부의 챔버로 밀어 옮기고 일정하게 저으면서 가용 성분을 침출한다.(사이폰 추출기)

① 삼출(percolation) ② 진공 여과(vacuum filtration)
③ 드립 여과(drip filtration) ④ 가압 추출(pressurized infusion)

62 **다음은 추출의 방법을 설명한 것이다. 바른 것은?**

뜨거운 물과 커피 추출액이 반복하여 커피 층을 통과하면서 가용 성분을 추출한다.

① 삼출(percolation) ② 진공 여과(vacuum filtration)
③ 드립 여과(drip filtration) ④ 가압 추출(pressurized infusion)

바리스타 예상문제 1

63 다음은 추출의 방법을 설명한 것이다. 바른 것은?

> 2-10기압의 뜨거운 물이 커피 층을 빠르게 통과하면서 가용성 향미성분과 불용성인 커피기름과 미세한 섬유질 그리고 가스를 함께 유화시켜 짙은 농도의 커피를 만든다.

① 삼출(percolation) ② 진공 여과(vacuum filtration)
③ 달이기(decoction, boiling) ④ 가압 추출(pressurized infusion)

64 다음은 추출의 방법을 설명한 것이다. 바른 것은?

> 뜨거운 물이 커피층을 한번 통과하면서 가용 성분을 추출한다.

① 삼출(percolation) ② 진공 여과(vacuum filtration)
③ 드립 여과(drip filtration) ④ 가압 추출(pressurized infusion)

65 커피맛을 내기위한 좋은 물에 대한 설명이다. 바르지 않은 것은?

① 수질(水質)은 커피의 품질만큼이나 중요하다.
② 약간의 경도가 있는 물은 여과 속도를 높여 커피맛에 좋지않은 영향을 준다.
③ 철분과 염소 성분은 소량이라도 커피맛에 나쁜 영향을 준다.
④ 나트륨이온으로 용해된 무기질을 치환하는 '연수 처리'는 알칼리도를 높여서 커피맛에 좋지 않은 영향을 준다.

정답 60. ③ 61. ② 62. ① 63. ④ 64. ③ 65. ②

바리스타 예상문제 1

66 다음은 여과매체에 관한 설명이다. 맞는 것은?

재질과 조밀도에 따라 여과가 달라지는 여과매체로 반복하여 사용하면 기름이 배어 커피맛을 변질시킨다.

① 다공성 금속 여과판(perforated metal plate)
② 금속 여과망(metal strainer)
③ 여과포(filter cloth)
④ 여과지(filter paper)

67 다음은 여과매체에 관한 설명이다. 맞는 것은?

금속판의 작은 구멍들을 통하여 커피 추출액을 여과하는 매체로 추출액을 맑게 여과하지는 못하여 미세한 입자들이 추출액에 혼합되는 단점이 있다.

① 다공성 금속 여과판(perforated metal plate)
② 금속 여과망(metal strainer)
③ 여과포(filter cloth)
④ 여과지(filter paper)

68 커피의 품종 중 로부스타종에 대한 설명으로 맞지 않는 것은?

① '콩고'가 원산지이다.
② 카페인 함량이 많으며(2~2.5%) 쓴맛이 강하다.
③ 로부스타종은 모든 것에 잘 견디며 결빙도 예외는 아니다.
④ 서아프리카와 같은 열대삼림지대의 습하고 더운 기후에서 자란다.

해설 • 로부스터종은 결빙에 약하다.

바리스타 예상문제 1

69 다음은 여과매체에 관한 설명이다. 맞는 것은?

> 가장 맑은 추출액을 여과하나 재질이 약하고, 여과가 늦어 과도한
> 추출을 하기도 한다.

① 다공성 금속 여과판(perforated metal plate)
② 금속 여과망(metal strainer)
③ 여과포(filter cloth)
④ 여과지(filter paper)

70 커피의 품종 중 아라비카종에 대한 설명으로 맞지 않는 것은?

① 주로 인스턴트 커피를 제조하는데 사용한다.
② 병충해에 약할 뿐만 아니라 기온이 섭씨 30도 이상으로 올라가면 해를 입는다.
③ 단맛, 신맛, 감칠맛 그리고 향기가 뛰어나 가격이 비싸다.
④ 커피 생두의 모양이 평평하고 길이가 길며 가운데 새겨진 고랑이 굽어 있다.

해설 • ①은 로부스타종에 관한 설명이다.

71 커피의 품종 중 로부스타종에 대한 설명으로 맞지 않는 것은?

① 쓴맛은 강하고 향기가 떨어지지만 가격이 저렴하다.
② 주로 해발 800m 이상에서만 생산된다.
③ 다른 커피와 배합하거나 인스턴트 커피를 제조하는데 주로 사용한다.
④ 강인한 종자로 어려운 환경에서도 잘 자란다.

해설 • ② 아라비카종에 관한 설명이다.

정답 66. ③ 67. ① 68. ③ 69. ④ 70. ① 71. ②

바리스타 예상문제 1

72 **커피의 품종 중 로부스타종에 대한 설명으로 맞지 않는 것은?**

① 열대삼림지대에서 야생상태로 자라던 로부스타가 재배되기 시작한 것은 18세기부터이다.

② 20세기 초 네덜란드에서 로부스타를 이식하여 재배하기 시작한 나라는 인도네시아이다.

③ 브라질에서 생산하는 로부스타 주용품종은 코닐론(Conilon)이다.

④ 브라질에서 생산되는 로부스타는 브라질 전체의 30% 이상을 차지한다.

해설 ・ 브라질 전체 생산량의 15% 정도만 생산

73 **커피의 품종 중 아라비카종에 대한 설명으로 맞지 않는 것은?**

① 커피의 2대 원두 중 하나인 '코페아 아라비카'의 열매를 일컫는다.

② 다 자란 크기가 5~6m이고 평균기온 20℃, 해발 1,800m의 고지대에서 재배된다.

③ 원두가 둥글고 홈이 곧고 회청색을 띤다.

④ 30도 이상의 온도에서 2일 이상을 견디지 못하는 등 기후, 토양, 질병에 상당히 민감하다.

해설 ・ ③은 로부스타종의 설명이다.

74 **아라비카종의 성장 조건이다. 바르게 묶여진 것은?**

> ⊙ 평균 20~25℃의 기온
> ⓛ 지나치게 습하지 않는 규칙적인 비
> ⓒ 지나치게 강렬하지 않은 충분한 햇빛
> ⓔ 가급적이면 화산지대이거나 비옥한 토양

① ⊙, ⓒ   ② ⊙, ⓛ

③ ⓛ, ⓒ   ④ ⊙, ⓛ, ⓒ, ⓔ

바리스타 예상문제 1

75 커피의 품종 중 리베리카종에 대한 설명으로 맞지 않는 것은?

① 에티오피아가 원산지이다.

② 열매의 크기가 크고 병충해에 강하여 재배하기 쉽다.

③ 저지대에서도 잘 자란다.

④ 수출보다는 대개 자국 소비에 그치며 쓴맛이 지나치게 강하다.

해설 · ①은 아라비카종에 관한 설명이다.

76 커피의 품종 중 아라비카종에 대한 설명으로 맞는 것은?

① 병충해에 강하다.

② 성장속도는 느리나 향미가 풍부하다.

③ 열대지방에서 다 자란 나무 높이는 13~15m이다.

④ 열매의 모양이 둥글다.

해설 · ①, ③, ④는 로부스타종에 대한 설명이다.

77 커피의 품종 중 로부스타종에 대한 설명으로 맞는 것은?

① 적정 성장 온도는 15~24℃이다.

② 카페인 함유량이 적다(0.8~1.4%).

③ 해발 1,000~2,000m 정도에서 자란다.

④ 주로 인스턴트 커피 및 배합용으로 사용된다.

해설 · ①, ②, ③은 아라비카종에 대한 설명이다.

정답 72. ④ 73. ③ 74. ④ 75. ① 76. ② 77. ④

바리스타 예상문제 1

78 커피 생산지로서의 브라질에 관한 설명이다. 바르지 못한 것은?

① 브라질의 본격적인 커피생산은 포르투갈로부터 독립한 1822년부터다.

② 다른 나라들에 비해 비교적 낮은 고도의 대규모 농장에서 경작된다.

③ 1900년 이후 양(量)에 치우친 생산증대 정책에도 여전히 최상품의 커피가 생산되고 있다.

④ 생두의 밀도는 비교적 낮은 편이다.

> **해설** ・ 오늘날 브라질 커피는 중·저급의 아라비카 커피로 평가되고 있다.

79 커피 생산지로서의 브라질에 관한 설명이다. 바르지 못한 것은?

① 아라비카를 생산할 뿐 로부스타는 생산하지 않다.

② 커피의 대부분은 상파울루의 산토스(Santos) 항구로 집결되어 수출된다.

③ 상파울루(San Paulo)는 브라질의 주요 커피 산지 중 하나다.

④ 브라질의 유명 커피로는 'Brazil Santos NY 2'가 있다.

> **해설** ・ 브라질에서는 코닐론(Conilon)이라는 로부스타 커피 또한 생산되고 있다.

80 커피 생산국인 콜롬비아에 대한 설명이다. 바르지 못한 것은?

① 세계 2위의 커피 생산국이다.

② 콜롬비아 커피는 마일드 커피(Mild Coffee)의 대명사이다.

③ 콜롬비아의 커피정책은 최대 커피생산을 늘리는 양적증가에 목적이 있다.

④ 한 나라에서 생산되는 커피의 품질로만 본다면 세계 1위의 고급 커피이다.

바리스타 예상문제 1

81 **콜롬비아 커피에 대한 설명이다. 바르지 못한 것은?**

① 아라비카 커피만을 생산하며 모두 수세건조 방법으로 가공된다.

② 대형 커피농장이 별로 없다.

③ 대부분 '카페테로(Cafetero)'라고 불리우는 농부들에 의해 생산되고 있다.

④ 건식법을 이용하여 커피를 정제한다.

해설 · 습식법을 이용한다.

82 **콜롬비아 커피에 대한 설명이다. 바르지 못한 것은?**

① 커피의 주 생산지는 안데스 산맥지대에 분포한다.

② 주요 커피로 '콜롬비안 엑셀소(Colombian Excelso)'가 있다.

③ 콜롬비아 최고급 커피들의 대부분은 '타라주(Tarrazu)' 품종이다.

④ 습식법을 이용한다.

해설 · 콜롬비아 최고급 커피들의 대부분은 타이피카(Typica)와 카투라(Caturra) 품종이다.

83 **아래는 커피 생산국에 관한 설명이다. 어느 나라일까?**

> ㉠ 세계적인 커피로는 단연 '타라주(Tarrazu)'다.
>
> ㉡ 쿠바로부터 이식되면서 커피가 경작되기 시작했다.
>
> ㉢ 타라주 중에서도 '라 미니타(La Minita)' 농장의 커피가 최상급으로 알려져 있다.
>
> ㉣ 완벽한 맛과 향의 조화, 너무나 완벽하게 깨끗한 생두의 생산으로 찬사받는다.

① 브라질　　　　　　② 코스타리카

③ 자메이카　　　　　④ 과테말라

정답 ▶ 78. ③　79. ①　80. ③　81. ④　82. ③　83. ②

바리스타 예상문제 1

84 다음 설명은 커피 생산지 중 어느 곳을 말하는가?

> ㉠ 화산재 토양에서 고급 커피를 생산하는 나라로 유명하다.
> ㉡ 스모크 커피의 대명사는 단연 '안티구아(Antiqua)' 커피를 생산한다.
> ㉢ 전형적인 커피 품종인 타이피카(Typica)와 버본(Bourbon)이 주로 경작되고 있다.
> ㉣ 그늘 경작법을 많이 사용하고 있다.

① 자메이카   ② 멕시코
③ 코스타리카   ④ 과테말라

85 과테말라의 대표적 커피로 쏘는 듯한 스모크 향과 깊고 풍부한 맛, 살며시 느껴 지는 초콜릿 맛이 일품인 것은?

① 타라주   ② 안티구아
③ 엑셀소   ④ 산토스

86 커피 생산지인 자메이카에 대한 설명이다. 틀린 것은?

① 커피의 황제라고 불리는 블루 마운틴 커피를 생산한다.
② 온화한 기후, 연중 고른 강수량 등 이상적인 커피 재배환경을 갖추고 있다.
③ 마일드 커피(Mild Coffee)의 대명사로 평가된다.
④ 식민정부가 커피산업 지원정책을 실시하면서 커피 생산량이 증가했다.

> **해설** · ③ 콜롬비아 커피에 관한 설명이다.

바리스타 예상문제 1

87 다음 설명은 어떤 커피에 관한 설명이다. 맞는 것은?

> ㉠ 커피의 황제, 세계 최고의 커피
> ㉡ 부드럽고도 조화로운 커피 맛
> ㉢ 타 지역 커피에 비해 밀도가 높은 커피

① 블루 마운틴　　　　　② 안티구아
③ 산토스　　　　　　　④ 타라주

88 어느 커피 생산지에 관한 설명이다. 맞는 것은?

> ㉠ 커피의 80%는 일본으로 수출되고, 나머지 20%를 가지고 세계가
>   나누어 먹고 있다.
> ㉡ 커피의 황제라고 불리는 블루 마운틴 커피를 생산한다.
> ㉢ 일본의 투자로 기계적인 생두의 고속 습식 가공법으로 생두를 가
>   공한다.

① 브라질　　　　　　　② 과테말라
③ 자메이카　　　　　　④ 푸에르토리코

89 자메이카 커피로 바르게 짝지어진 것은?

> ㉠ 블루 마운틴(Blue Mountain)　　㉡ 하이 마운틴(High Mountain)
> ㉢ 프라임 워시드(Prime Washed)　　㉣ 프라임 베리(Prime Berry)

① ㉠, ㉡　　　　　　　② ㉠, ㉡, ㉢
③ ㉡, ㉢　　　　　　　④ ㉠, ㉡, ㉢, ㉣

정답 ▶ 84. ④　85. ②　86. ③　87. ①　88. ③　89. ④

바리스타 예상문제 1

90 다음은 무엇에 관한 설명인가?

> ㉠ 17스크린 이상의 No.1   ㉡ 16스크린 수준의 No.2
> ㉢ 15스크린 수준의 No.3   ㉣ JBM(Jablum)

① 블루 마운틴   ② 안티구아

③ 산토스   ④ 타라주

해설 • 자메이카의 블루 마운틴을 로스팅(Roasting)하여 포장까지 마친 완제품 커피를 자블럼 (JBM, Joblum)이라고 한다.

91 멕시코에 관한 설명이다. 바르지 않는 것은?

① 원래 전통적인 멕시코 커피는 고급 백포도주의 풍미와 흡사하다고 했다.

② 중저급의 커피인 '프라임 워시드(Prime Washed)'를 생산한다.

③ 중앙아메리카 저급 커피의 대명사였다.

④ 가격이 품질에 비해 저렴하여 커피 구매자들에게 매력있는 커피를 생산한다.

해설 • ②는 자메이카의 블루 마우틴에 관한 설명이다.

92 푸에르토리코에 관한 설명이다. 바르지 않는 것은?

① 화산재 토양에서 고급 커피를 생산하는 나라로 유명하다.

② 부드러우면서도 거친 듯, 과실의 달콤함으로 카리브해 최고의 커피로 평가된다.

③ 대표 커피는 '야우코 셀렉토(Yauco Selecto)'이다.

④ 커피정책의 가장 큰 문제는 높은 생산원가(높은 임금)이다.

해설 • ①은 과테말라에 관한 설명이다.

바리스타 예상문제 1

93 **쿠바에 관한 설명이다. 바르지 않는 것은?**

① 커피존의 끝자락에 위치해 있다.
② 세계 최고급 커피인 '터퀴노(Turquino)'를 생산한다.
③ 미국의 52번째 자치주다.
④ 2,000개가 넘는 커피 농장을 보유한 카리브해의 커피 강국이었다.

해설 • ③은 푸에르토리코에 관한 설명이다.

94 **도미니카 공화국에 관한 설명이다. 바르지 않는 것은?**

① 카리브해의 커피 중 가장 부드럽고 깔끔한 것으로 알려져 있다.
② 주로 미국에서 많이 소비된다.
③ '산토도밍고 바니(Santo Domingo Bani)'라는 상표로 유명하다.
④ 세계 4위의 커피 생산국이다.

해설 • ④는 멕시코에 관한 설명이다.

95 **엘살바도르에 관한 설명이다. 바르지 않는 것은?**

① 천혜의 자연조건을 갖추고 있으면서도 복잡한 정치상황 등으로 어려
움을 겪고 있다.
② 식민정부가 커피산업 지원정책을 실시하면서 커피 생산량이 증가했
다.
③ 아라비카 커피만을 생산한다.
④ 유명 커피로 '파카마라'가 있다.

해설 • ②는 자메이카에 관한 설명이다.

정답 90.① 91.② 92.① 93.③ 94.④ 95.②

바리스타 예상문제 1

96 엘살바도르에 관한 설명이다. 바르지 않는 것은?

① 전 국토의 약 12%가 커피농장으로 조성되어 있다.

② 최고급 커피인'터퀴노(Turquino)'를 생산한다.

③ SHG(Strictly High Grown)가 전체 생산량의 약 35%를 차지한다.

④ 생두는 모두 습식가공으로 처리되고 대부분의 커피는 그늘경작법으로 생산되고 있다.

해설 ▸ ・②는 쿠바에 관한 설명이다.

97 니카라과에 관한 설명이다. 바르지 않는 것은?

① 양은 많지 않으나 고급으로 평가되는 커피를 생산한다.

② 중앙아메리카의 많은 고원지대 커피와는 달리 날카로운 신맛이 거의 없다.

③ 아라비카 커피만을 생산하고 있다.

④ 주요 커피로 '보케테(Boquete)'가 있다.

해설 ▸ ・④는 파나마에 관한 설명이다.

98 파나마에 관한 설명이다. 바르지 않는 것은?

① 카리브해의 커피 중 가장 부드럽고 깔끔한 것으로 알려져 있다.

② 무게는 가벼우나 달콤하고 알맞은 신맛, 균형잡힌 깊고 풍부한 맛과 향을 가진 고급 커피로 평가되고 있으나 생산량이 그리 많지 않다.

③ 고급 커피로'보케테(Boquete)' 커피가 있다.

④ 아라비카 커피만을 생산하며 생두의 가공은 거의 습식법으로 이루어지고 있다.

해설 ▸ ・① 도미니카 공화국에 관한 설명이다.

바리스타 예상문제 1

99 페루에 관한 설명이다. 바르지 않는 것은?

① 남아메리카 유기농 커피의 리더로 빠르게 부상하고 있다.

② 일반적인 그냥 '페루비안(Peruvian)'이라고 불려지고 있다.

③ 일부에서는 자메이카 블루 마운틴 보다 못할 것이 없다는 평가를 듣 기도 한다.

④ 생산과 가공의 여건이 여의치 못해 불순물과 결점있는 생두가 많이 섞여 있는 커피를 생산하고 있다.

해설 · ③은 파나마에 관한 설명이다.

100 다음은 커피 생산국과 그 대표 커피를 연결한 것이다. 틀린 것은?

① 브라질 - Santos NY 2

② 콜롬비아 - 콜롬비안 수프리모(Colombian Supremo)

③ 코스타리카 - 타라주(Tarrazu)

④ 과테말라 - 야우코 셀렉토(Yauco Selecto)

해설 · ④는 푸에르토리코의 대표 커피이다.

101 다음은 커피 생산지와 그 대표 커피를 연결한 것이다. 틀린 것은?

① 자메이카 - 블루 마운틴(Blue Mountain)

② 쿠바 - 산토도밍고 바니(Santo Domingo Bani)

③ 멕시코 - 알투라 코아테펙(Altura Coatepec)

④ 푸에리토리코 - 야우코 셀렉토(Yauco Selecto)

해설 · ②의 '산토도밍고 바니(Santo Domingo Bani)'는 도미니카 공화국 커피가 미국에 서 많이 소비되면서 붙여진 상표명

정답 ▶ 96. ② 97. ④ 98. ① 99. ③ 100. ④ 101. ②

바리스타 예상문제 1

102 다음은 커피 생산지와 그 대표 커피를 연결한 것이다. 틀린 것은?

① 쿠바 - 터퀴노(Turquino)

② 엘살바도르 - 파카마라

③ 온두라스 - 타라주(Tarrazu)

④ 파나마 - 보케테(Boquete)

해설 · ③의 '타라주(Tarrazu)'는 코스타리카의 대표 커피이다.

103 다음 커피 생산지와 그 대표 커피가 바르게 연결된 것은?

㉠ 브라질	ⓐ 산토스(Santos)
㉡ 코스타리카	ⓑ 타라주(Tarrazu)
㉢ 쿠바	ⓒ 야우코 셀렉토(Yauco Selecto)
㉣ 푸에르토리코	ⓓ 터퀴노(Turquino)

① ㉠ 과 ⓐ 　　　　② ㉡ 과 ⓒ

③ ㉢ 과 ⓑ 　　　　④ ㉣ 과 ⓓ

104 하와이에 관한 설명이다. 바르지 않은 것은?

① 세계적인 최고급 커피의 하나인 '코나(Kona)'커피의 생산지다.

② 낮은 고도에서 경작됨에도 불구하고 고지대에서와 같은 고급품질의 커피가 생산되고 있다.

③ 와인과 과실에 비유되는 단맛과 신맛, 산뜻하고도 조화로운 맛과 향을 가진 부드러운 커피로 평가받고 있다.

④ 중저급의 커피인 '프라임 워시드(Prime Washed)'를 생산한다.

해설 · ④는 자메이카에 관한 설명이다.

바리스타 예상문제 1

105 **인도에 관한 설명이다. 바르지 않는 것은?**

① 전체 커피 생산량의 약 60% 정도를 로부스타가 차지하고 있다.

② 화산재 토양에서 고급 커피를 생산하는 나라로 유명하다.

③ 유명한 커피는 몬수니드 말라바르(Monsooned Malabar)가 있다.

④ 습식법으로 가공된 로부스타 커피는 '파치먼트 로부스타'라고 부른다.

해설 · ②는 과테말라에 관한 설명이다.

106 **인도네시아에 관한 설명이다. 바르지 않는 것은?**

① 아시아 유기농 커피의 리더이다.

② 아시아 최고의 커피 생산국이다.

③ 녹병균에 의해 전체 커피농장들이 초토화되기까지는 세계의 커피 산업을 이끌었다.

④ 90% 이상 로부스타를 생산한다.

107 **에티오피아에 관한 설명이다. 바르지 않는 것은?**

① 커피가 처음 발견된 곳이다.

② 빌헬름(Mt. Wilhelm) 산을 중심으로 한 고원지대에서 PNG 커피가 생산되고 있다.

③ 커피를 '분(Bun)'이라고 부르고 있으며, 거의 대부분의 커피가 전통적인 유기농법과 그늘 경작법으로 재배되고 있다.

④ 커피 생산의 90% 정도가 '가든 커피(Garden Coffee)'라고 불려지는 소규모 커피 농가에서 생산되고 있다.

해설 · ②는 파푸아뉴기니에 관한 설명이다.

정답 102. ③ 103. ① 104. ④ 105. ② 106. ① 107. ②

바리스타 예상문제 1

108 인도네시아의 커피를 생산하는 섬으로 맞지 않는 것은?

① 자바(Java)

② 수마트라(Sumatra)

③ 술라웨시(Sulawesi)

④ 하라(Harrar)

해설 · ④는 에티오피아의 생산지.

109 에티오피아에 관한 설명이다. 바르지 않는 것은?

① 고유한 본래의 아라비카 품종만이 생산되고 있다.

② 아라비카 품종은 원래 에티오피아 하라(Harrar)지방의 고유한 커피 품종이다.

③ 유명한 커피는 몬수니드 말라바르(Monsooned Malabar)가 있다.

④ 아프리카에서 유일하게 서구 열강의 식민지가 되지 않아, 커피의 경작에서도 그 전통이 그대로 살아 있다.

해설 · ③은 인도에 관한 설명이다.

110 에티오피아에서 생산되는 커피가 아닌 것은?

① 하라(Harrar)

② 이르가체페(Yirgacheffe)

③ 시다모(Sidamo)

④ 코나(Kona)

111 에티오피아에서 생산되는 커피 중 '에티오피아의 축복'이라고 불려지는 것은?

① 하라(Harrar)

② 이르가체페(Yirgacheffe)

③ 시다모(Sidamo)

④ 코나(Kona)

112 에티오피아에서 생산되는 커피 중 가장 세련되고 매끄러운 최고급 커피는?

① 하라(Harrar)

② 이르가체페(Yirgacheffe)

③ 시다모(Sidamo)

④ 짐마(Djimmah)

바리스타 예상문제 1

113 **예멘에 관한 설명이다. 바르지 않는 것은?**

① 세계 최초로 커피가 경작되었으며 한때 세계 최대의 커피 무역항이었던 모카(Mocha)가 있는 나라다.

② 아라비카(Arabica)라는 말도 아라비아, 즉 예멘의 커피에서 유래되었다.

③ '가든 커피(Garden Coffee)'라고 불려지는 소규모 커피 농가에서 커피가 생산되고 있다.

④ 하위 그룹의 커피 생산국이다.

해설 · ③은 에티오피아에 관한 설명이다.

114 **예멘에 관한 설명이다. 바르지 않는 것은?**

① 전 세계에서 가장 뚜렷한 개성을 가진 커피를 생산한다.

②'마타리(Mattari)'가 예멘 최고의 커피다.

③ 세계 최대의 커피 무역항이었던 모카(Mocha)가 있다.

④'아이-커퍼(Eye-Cupper)'들이 즐겨 찾는 커피다.

해설 · ④ 예멘커피는 '아이-커퍼(Eye-Cupper)'들이 기피하는 커피다.

115 **다음 중 예멘을 대표하는 커피가 아닌 것은?**

① 리무(Limmu)　　　　② 마타리(Mattari)

③ 이스마일리(Ismaili)　　④ 히라지(Hirazi)

해설 · ①은 에티오피아의 커피

정답 108. ④　109. ③　110. ④　111. ①　112. ②　113. ③　114. ④　115. ①

바리스타 예상문제 1

116 **케냐에 관한 설명이다. 바르지 않는 것은?**

① 가장 신뢰할 수 있는 최고급의 커피를 생산하는 아프리카 최고의 커피 생산국

② 그늘 경작법을 주로 사용하고 있다.

③ 품질개발, 기술교육 그리고 경매시스템을 통해 커피 산업을 육성하고 있다.

④ 최근 병충해에도 강하면서 수확량이 많은 '루이루11' 품종의 커피 생산을 확대하고 있다.

117 **탄자니아에 관한 설명이다. 바르지 않는 것은?**

① '커피의 신사'라고 불리우는 킬리만자로(Kilimanjaro) 커피를 생산한다.

② 바나나 나무와 함께 경작되어 자연스러운 그늘경작이 이루어지고 있다.

③ 커피를 생산하는 농부들이 숙련된 기술을 지니고 있어 생산량이 증가하고 있다.

④ 커피산업이 후진성을 면하지 못하고 있다.

118 **다음은 아프리카 커피의 문제점을 나열한 것이다. 틀린 것은?**

① 정치적 불안정과 낙후된 경제상황, 열악한 인프라 구조

② 가장 큰 문제는 운송 문제

③ 세련되지 못한 경작과 생두 가공기술, 부족한 가공시설

④ 자연적인 커피 경작조건의 부적합성

해설 ・ 아프리카의 커피 경작조건 자체는 훌륭하다.

바리스타 예상문제 1

119 다음 중 모카의 의미로 볼 수 없는 것은?

① 커피라는 의미

② 아라비아 전 지역에서 생산 유통되는 커피라는 의미

③ 예멘에서 생산되는 커피의 이름

④ 연유가 들어간 음료나 음식

120 일반적으로 사람들이 커피가 몸에 좋지 않다고 여기는 이유는 커피의 어떤 성분 때문인가?

① 카테킨　　　　　　　　② 카페인

③ 폴리페놀　　　　　　　④ 바르비투르산염

해설 • 커피가 건강에 좋지 않다고 하는 가장 큰 이유 중 하나로 많은 사람들이 커피의 성분인 카페인을 지적하고 있다.

121 다음은 카페인에 관한 설명이다. 틀린 것은?

① 정상적인 성인에게는 해를 끼치지 않는 무독성이다.

② 카페인은 녹차에도 얼마간 함유되어 있다.

③ 섭취 후 몇 시간 이내에 모두 배설된다.

④ 카페인은 혈중 또는 체내에 일정량이 축적된다.

해설 • 카페인은 혈중 또는 체내에 축적되지 않다.

122 다음은 카페인에 관한 설명이다. 틀린 것은?

① 뜨거운 물에 대단히 잘 녹는다.

② 불에 탄 냄새가 나고 쓴맛이 난다.

③ 중추신경계·심장·혈관·신장을 자극하는 효과가 있다.

④ 특정 약물에 대한 해독제로 사용되기도 한다.

해설 • 냄새가 없다.

정답 ▶ 116.② 117.③ 118.④ 119.④ 120.② 121.④ 122.②

바리스타 예상문제 1

123 볶은 커피원두의 경우 카페인 함유량으로 올바른 것은?

① 보통 2~3% ② 보통 3~4%

③ 보통 1~2% ④ 보통 2~5%

124 다음 중 카페인의 긍정적인 효과로만 묶여진 것은?

> ㉠ 운동 수행능력 증가 ㉡ 피로감 감소
> ㉢ 감각기능 증가 ㉣ 민첩성의 증가

① ㉠ ② ㉡, ㉢

③ ㉠, ㉢, ㉣ ④ ㉠, ㉡, ㉢, ㉣

125 인스턴트 커피 한잔에 함유되어 있는 카페인 함유량으로 올바른 것은?

① 45mg ② 60~100mg

③ 100~150mg ④ 150~185mg

126 영양학적 측면에서 볼 때 우리 몸에 도움을 주는 커피의 두 가지 성분은?

> ㉠ 나이아신 ㉡ 요산
> ㉢ 단백질 ㉣ 칼륨

① ㉢, ㉡ ② ㉠, ㉣

③ ㉡, ㉢ ④ ㉠, ㉢

127 전문가들이 건강상 바람직하다고 말하는 1일 카페인 섭취량은?

① 100mg 이하 ② 200mg 이하

③ 300mg 이하 ④ 400mg 이하

바리스타 예상문제 1

128 1일 권장량 이상의 카페인을 섭취할 경우 대표적으로 유발되는 현상으로 바르게 묶인 것은?

> ㉠ 탈수 현상　　　　　㉡ 정서 불안
> ㉢ 저혈당　　　　　　㉣ 불면

① ㉠　　　　　　　　② ㉠, ㉡
③ ㉠, ㉡, ㉣　　　　④ ㉠, ㉡, ㉢, ㉣

129 커피 속에 함유된 성분 중 당뇨와 고혈압의 위험을 줄이는 효과가 있는 성분은?

① 항산화 물질인 폴리페놀　② 폴리에스텔
③ 단백질　　　　　　　　④ 칼슘

130 우리나라가 커피의 수입을 개방한 시기로 맞는 것은?

① 1975년　　　　　　② 1988년
③ 1990년　　　　　　④ 1995년

131 커피 속의 성분으로 일정량 이상을 섭취하면 위액의 분비를 자극하고 장내에서 분해되며 방향족 화합물로써 배설되는 물질은?

① 알칼로이드　　　　② 메틸크산틴
③ 요산　　　　　　　④ 클로로겐산

정답 ▶ 123. ③　124. ④　125. ②　126. ②　127. ④　128. ③　129. ①　130. ②　131. ④

바리스타 예상문제 1

132 다음은 카페인 제거법이다. 틀린 한 가지는?

① Traditional Process

② Swiss - Water Process

③ H₂O - European Process

④ CO₂ - Water Process

133 카페인을 제거하는 방법 중 아세트산에틸을 용매로 사용하는 방법으로 맞는 것은?

① Traditional Process

② Swiss - Water Process

③ H₂O - European Process

④ CO₂ - Water Process

해설 ㆍTraditional Process : 아세트산에틸이라는 용매로 카페인만을 선택적으로 제거한다.

134 카페인을 제거하는 방법 중 가장 일반적으로 사용되고 비용이 저렴한 방법으로 맞는 것은?

① H₂O - European Process

② CO₂ - Water Process

③ Traditional Process

④ Swiss - Water Process

135 커피의 영양성분 중 가장 많은 비율을 차지하고 있는 것으로 맞는 것은?

① 당질 ② 단백질

③ 지질 ④ 회분

해설 ㆍ커피 100g 중 당질 약 61.9g, 단백질 20.0g, 지질 0.3g, 회분 8.2g의 성분이 들어 있다.

바리스타 예상문제 1

136 커피의 영양성분 중 당질에 관한 설명이다. 틀린 것은?

① 음용되고 있는 커피 영양성분의 60% 이상을 차지한다.
② 당질의 대부분은 수용성 갈색물질 멜라노이딘이다.
③ 배전과정에서 커피의 색, 향이나 맛의 기호성 성분을 결정하는 성분 간의 반응이 일어난다.
④ 클로로제닉산류의 페놀화합물과 반응하여 적색물질이 된다.

해설 • 클로로제닉산류의 페놀화합물과 반응하여 갈색물질이 된다.

137 커피가 생체대사에 미치는 영향에 관한 설명이다. 틀린 것은?

① 체내에 흡수된 카페인은 5분 이내에 몸 전체로 확산하게 된다.
② 혈관을 수축, 팽창시키는 역할을 한다.
③ 흡수된 카페인은 기초대사 속도를 감소시킨다.
④ 암모니아염으로부터 형성되는 요소의 양을 감소시킨다.

해설 • 우리 몸에 흡수된 카페인은 기초대사 속도를 증가시킨다. 섭취 후 1~3시간 사이에 최대 기초대사 속도를 나타내는 것으로 보고된 바 있다.

138 커피가 중추신경에 미치는 영향에 관한 설명이다. 틀린 것은?

① 대뇌의 피질을 흥분시키고 요추를 자극시킨다.
② 졸음과 피로를 경감시키는 작용을 한다.
③ 사고를 집중시킬 수 있도록 하는 작용을 한다.
④ 알코올중독 그리고 마약중독으로 인한 고통을 증가시킨다는 점은 문제점이다.

해설 • 신경과민, 알코올 중독 그리고 마약중독으로 인한 고통의 경감에 매우 효과적이다.

정답 132. ③ 133. ① 134. ③ 135. ① 136. ④ 137. ③ 138. ④

바리스타 예상문제 1

139 커피가 심장에 미치는 영향에 관한 설명이다. 틀린 것은?

① 혈관의 수축에 의한 혈류의 감소가 일어난다.

② 혈압과 맥박수는 변화가 있거나 사람에 따라 없기도 한다.

③ 하루 1g 정도의 카페인을 섭취하면 혈압을 낮추어 부종을 치료하는 데 도움이 된다.

④ 한두 잔의 커피는 심장의 활동을 활성화시킨다.

해설 · 심장에 카페인이 미치는 주작용으로 혈관의 팽창에 의한 혈류의 증가다.

140 커피가 신장에 미치는 영향에 관한 설명이다. 바르게 묶인 것은?

> ㉠ 이뇨를 촉진시키고 신장을 통한 혈액순환을 증가시킨다.
> ㉡ 많은 오줌을 생성하게 하여 체내 노폐물 정화를 증진시키는 역할을 한다.
> ㉢ 신장에서 수분의 재흡수를 감소시킨다.
> ㉣ 음용을 중단하면 체내 노폐물이 누적되어 메스꺼움, 구토를 일으킬 수도 있다.

① ㉠, ㉢   ② ㉠, ㉢, ㉣

③ ㉡, ㉣   ④ ㉠, ㉡, ㉢, ㉣

141 커피가 우리 신체에 미치는 영향을 나열한 것이다. 틀린 것은?

① 중추신경계를 자극하여 정신을 맑게 깨운다.

② 칼슘 이온의 농도가 증가하여 심박수와 심박출량이 늘어난다.

③ 고혈압, 심장질환을 일으킬 수도 있다.

④ 소변의 양을 감소시킨다.

해설 · 이뇨제의 역할을 하여 소변의 양을 늘린다.

바리스타 예상문제 1

142 커피가 우리 신체에 미치는 영향을 나열한 것이다. 틀린 것은?

① 위를 자극하여 위산의 분비를 촉진하며 지나치면 위궤양이 생기기도 한다.

② 이뇨제의 역할을 하여 소변의 양을 늘린다.

③ 심장의 기능을 약화시킨다.

④ 과다 복용은 불면을 초래할 수 있다.

해설 ▸ 심장의 기능을 촉진시킨다.

143 카페인과 수면과의 관계를 설명한 것 중 틀린 것은?

① 코코아와 초콜릿을 잠자리 직전에 섭취해도 수면 장애가 있을 수 있다.

② 잠자기 전 카페인을 섭취하게 되면 잠드는데 소요되는 시간이 길어지고 밤에 자주 깬다.

③ 카페인에 대한 만감성과 감내성의 정도는 누구나 비슷하다.

④ 잠자리에 들기 전 4~6시간 전에는 카페인을 삼가는 것이 수면에 도움이 된다.

해설 ▸ 카페인에 대한 만감성과 감내성의 정도가 사람에 따라 서로 다르다.

144 커피를 마시면 졸음을 방지하는 효과가 있다. 그것은 커피의 어떤 성분 때문인가?

① 카페인   ② 카테킨
③ 폴리페놀   ④ 바르비투르산염

정답 139. ① 140. ④ 141. ④ 142. ③ 143. ③ 144. ①

바리스타 예상문제 1

145 **커피를 마시면 간암 발생률이 감소시키는 성분은?**

① 알칼로이드   ② 메틸크산틴

③ 요산   ④ 클로로겐산

146 **발암물질인 'OH'의 발암성을 억제하는 경향이 있는 커피 속 성분으로 맞는 것은?**

① 요산   ② 클로로겐산

③ 알칼로이드   ④ 메틸크산틴

147 **카페인과 음주와의 관계를 설명한 것 중 틀린 것은?**

① 카페인은 간기능을 활발하게 해 독성물질인 아세트알데하이드 분해를 빠르게 한다.

② 카페인은 항이뇨 호르몬의 분비를 억제한다.

③ 카페인은 알코올 성분을 체외로 빠르게 배출하는 작용을 한다.

④ 음주 후 카페인은 인체에 흡수되면서 중성이되어 머리를 상쾌하게 해 준다.

해설 · 인체에 흡수되면 알칼리성이 된다.

148 **커피와 질병과의 관계를 설명한 것이다. 바르지 않는 것은?**

① 커피는 중성지방을 증가시켜 동맥경화를 촉진하는 경향이 있다.

② 췌장에서 인슐린을 분비하는 베타세포를 자극함으로써 성인 당뇨병을 감소시킨다.

③ 발암물질의 하나인 'OH'의 발암성을 억제한다.

④ 연구결과 끓인 커피를 마시는 사람은 필터 커피를 마시는 사람에 비해 당뇨병 위험이 3배 높았다.

해설 · 커피는 오히려 동맥경화를 예방하는 HDL(좋은 콜레스테롤)을 증가시킨다.

바리스타 예상문제 1

149 커피와 담석(擔石)에 대한 연구결과를 설명한 것이다. 틀린 것은?

① 미 하버드 보건센터 실험결과 커피를 마시면 담석진행이 현저하게 감소된다.

② 라이츠만 박사는 하루에 커피를 2~3잔 커피를 마시면 마시지 않는 사람에 비해담석의 위험이 40% 감소한다.

③ 라이츠만 박사는 카페인 제거 커피 역시 동일한 효과가 있다.

④ 커피와 달리 홍차나 다른 음료는 담석 예방효과가 없다.

> **해설** • 라이츠만 박사는 커피는 반드시 카페인이 함유된 것이어야 하며 카페인을 제거한커피는 효과가 없다고 강조했다.

150 카페인 중독의 증상이다. 틀린 것은?

① 침착하지 못하고 안절부절한다.

② 불면증이 있다.

③ 얼굴이 홍조를 띠며 상기 된다.

④ 조용한 상태로 침착성을 잃지 않다.

151 연구결과 커피와 건강과의 관계를 설명한 것이다. 바르지 않는 것은?

① 당뇨병과 커피 섭취의 인과관계는 없다.

② 커피 음용과 통풍의 인과관계는 없다.

③ 커피를 1일 4잔 이상 마시면 간경변의 위험이 있다.

④ 8종의 암 부위 가운데 커피와 상관 있는 것이 위암이다.

> **해설** • 1일에 커피를 4잔 이상 마시는 사람은 마시지 않는 사람과의 간경변의 위험률이 5분의 1로 감소되었다.

정답 145. ④ 146. ② 147. ④ 148. ① 149. ③ 150. ④ 151. ③

바리스타 예상문제 1

152 리버만 박사의 카페인과 운동능력과의 관계에 대한 결과로 틀린 것은?

① 카페인이 체력 소모가 심한 작업을 수행하는 시간을 연장시킨다.

② 카페인은 피로하기 쉬운 작업의 능률을 향상시킨다.

③ 카페인은 근육의 피로를 막아 주고, 지방의 연소와 당분의 분해 능력을 증가시킨다.

④ 카페인은 손가락을 조정하는 작업 또한 향상시켜 미세한 작업을 가능케 한다.

해설 ㆍ카페인은 바늘에 실을 꿰거나, 작은 목표물을 맞추거나 다트를 던지는 것 같은 손가락 조정을 하는 작업에 악영향을 미치기도 한다.

153 커피와 건강과의 관계를 설명한 것이다. 틀린 것은?

① 커피의 카페인은 기관지를 넓혀주고 천식환자들이 숨쉬기 편하게 해 준다.

② 카페인이 테오필린처럼 젊은 천식환자들에게 기관지확장제로서 효과가 있다.

③ 카페인은 알레르기성 비염을 발생시킬 수 있다.

④ 카페인은 호흡기 근육의 피로를 경감시켜 숨쉬는 것을 쉽게 해 준다.

해설 ㆍPilliShapiro에 따르면 약간의 가려움을 느꼈을 뿐 비염이 호전되었다.

154 커피와 두통과의 관계를 설명한 것이다. 틀린 것은?

① 두통에 커피를 이용하면 큰 부작용이 없다.

② 카페인은 뇌혈관을 넓혀 두통을 없애준다.

③ 두통 해소에 커피는 쉽고 간편하게 이용할 수 있는 방법이다.

④ 두통이란 혈관이 팽창하면서 머리 부분의 신경을 눌러 발생하는 것이다.

해설 ㆍ커피는 적당량의 카페인으로 큰 부작용없이 뇌혈관을 좁혀 주어 두통을 없애주고, 머리를 맑게 해 준다.

바리스타 예상문제 1

155 오래 전부터 알레르기성 천식에 치료방안으로 쓰였던 커피로 맞는 것은?

① 블랙모카 커피   ② 블루 마운틴 커피

③ 비엔나 커피   ④ 카페 로열

156 카페인과 임신과의 관계를 설명한 것이다. 틀린 것은?

① 임신 중 적당량의 카페인 섭취는 신생아의 저체중 또는 선천성 기형의 발생가능성을 증가시키지 않다는 연구 결과가 있다.

② 커피를 하루 4잔 이상 마시면 임신 가능성이 줄어든다는 연구결과가 있다.

③ 커피가 이처럼 임신 가능성을 감소시키는 것은 카페인 성분 때문이다.

④ 전문가들은 임신 중에만 카페인의 섭취를 제한하면 그 이후 아기에게 아무런 이상이 없다고 발표했다.

> **해설** • 전문가들은 카페인이 아기의 뇌 발달에 영향을 미칠 위험을 무시할 수 없기 때문에 모유를 먹이는 산모도 카페인 섭취를 제한해야 한다고 말하고 있다.

157 커피와 수면과의 관계를 설명한 것이다. 틀린 것은?

① 카페인은 잠이 들기까지 걸리는 시간, 입면(入眠) 시간을 연장시킨다.

② 연구 결과는 뇌파의 변화와 카페인과는 직접적인 영향이 없었다.

③ EEG 수치 변화는 깊은 수면을 취하지 못한다는 것을 의미한다.

④ 카페인은 숙면을 방해하여 총 수면 시간을 감소시킨다.

> **해설** • 수많은 연구 결과 카페인에 의해 뇌파가 변화한다고 밝혀졌다.

정답 152. ④   153. ③   154. ②   155. ①   156. ④   157. ②

바리스타 예상문제 1

158 커피가 담석증의 발병 가능성을 감소시키는 이유로 틀린 것은?

① 카페인이 담석이 발생하지 않도록 혈관을 수축시키기 때문이다.

② 카페인이 콜레스테롤이 담석으로 굳어지지 않도록 하기 때문이다.

③ 우리 몸의 신진대사를 증가시켜 지방축적을 낮추기 때문이다.

④ 담석 형성을 진행시키는 분비물의 흡수를 낮추는 역할을 수행하기 때문이다.

159 커피에 곁들이는 재료 중 다이어트에 가장 도움이 되지 않는 것은?

① 각설탕   ② 프림

③ 시럽   ④ 계피

160 커피가 다이어트를 돕는 이유를 설명한 것이다. 바르지 않는 것은?

① 지방을 분해하고 이뇨작용을 활발하게 하기 때문이다.

② 혈액순환을 원활하게 하고 쓸모 없는 노폐물을 몸 밖으로 배출해주기 때문이다.

③ 커피가 혈관을 확장시켜 신진대사를 더디게 하기 때문이다.

④ 인체의 에너지 소비량을 10% 증가시키기 때문이다.

> **해설** • 커피는 혈관을 수축시키는 작용을 하기 때문에 신진대사를 증가시켜 다이어트의 효과가 있다.

161 유기농 커피로 관장을 함으로써 체중을 감량시키는 요법을 무엇이라 하는가?

① 추나요법   ② 킬레이션 요법

③ 거슨요법   ④ 흡입요법

> **해설** • 유기농 야채즙과 곡식으로 구성된 무염식이와 제독을 위한 커피관장을 큰 특징으로 하는 요법이 거슨요법이다.

바리스타 예상문제 1

162 커피관장이 다이어트에 도움이 되는 이유를 설명한 것이다. 틀린 것은?

① 커피관장을 함으로써 체내에 축적된 각종 독소들이 빠져나가기 때문이다.

② 커피의 풍부한 무기물질과 독특한 성분들이 지방분해를 도와주기 때문이다.

③ 커피관장이 지방분해에 뛰어난 효과를 내는 것은 팔미테이트와 카페인 성분 때문이다.

④ 카페인을 많이 마시면 담즙이 분비되는 것을 도와주어 지방을 효과적으로 분해하기 때문이다.

해설 • 카페인은 많이 마시면 해롭지만 직장을 통해 간으로 바로 흡수되면 담즙이 분비되는 것을 도와주기 때문에 지방을 효과적으로 분해시킨다.

163 다이어트에 도움이 되는 커피의 팔미테이트 성분이 가지는 기능을 바르게 설명한 것은?

① 해독기능을 가진 효소들을 활성화시키는 성질 때문이다.

② 생리대사 기능을 활발하게 하기 때문이다.

③ 운동에너지를 증가시키기 때문이다.

④ 우리 몸의 근육을 성장시키기 때문이다.

164 커피관장법에 관한 설명이다. 바르지 못한 것은?

① 힘들게 굶지 않고 지방을 분해하므로 요요현상 없는 다이어트법이다.

② 장을 깨끗이 씻어내므로 변비가 없어진다.

③ 독소가 몸 밖으로 배출되므로 여드름이나 기미 등의 피부 트러블이 없어진다.

④ 혼자서도 손쉽게 할 수 있으나 통증이 있다는 것이 단점이다.

정답 158. ① 159. ① 160. ② 161. ③ 162. ④ 163. ① 164. ④

바리스타 예상문제 1

165 **커피의 분쇄시점과 분쇄입도와 산패와의 관계이다. 바르지 못한 것은?**

① 분쇄된 커피는 공기와의 접촉면이 많아지므로 빠르게 산패가 진행된다.

② 분쇄된 커피는 내부에 남아 있었던 탄산가스와 휘발성 향의 방출로 빠르게 진행된다.

③ 분쇄커피에 비해 원두커피가 그 신선도 유지기간이 짧다.

④ 커피를 추출하기 직전에 분쇄해야 신선도의 유지에 도움이 된다.

> **해설** • 원두상태의 커피에 비해 분쇄커피는 그 신선도 유지기간이 1/4 미만인 것으로 알려져 있다.

166 **커피의 신선도에 영향을 주는 요소가 아닌 것은?**

① 산소   ② 온도

③ 압력   ④ 습도

> **해설** • 커피의 신선도는 산소와의 접촉 정도에 따라 가장 큰 영향을 받고, 기타 보관 시의 주변 온도와 습도에 따라 영향을 받는다.

167 **커피의 보관방법을 열거한 것이다. 바르지 않는 것은?**

① 일단 개봉된 커피봉투는 공기를 최대한 뺀 후 개봉 부위를 테이프로 막고 꼭꼭접어 보관하는 것이 좋다.

② 지퍼백의 경우 공기를 최대한 빼낸 후 지퍼를 닫고 나머지 부분은 접어서 보관한다.

③ 실온상태로 그늘이 지고 서늘하면서 바람이 잘 통하는 장소에 보관한다.

④ 장기간 보관할 경우에는 냉장 보관한다.

> **해설** • 장기간 보관할 경우에는 냉동 보관한다.

바리스타 예상문제 1

168 커피의 신선도에 영향을 주는 성분으로 바르게 묶인 것은?

ⓐ 산소	ⓑ 부피	ⓒ 습도	ⓓ 압력

① ⓐ, ⓑ   ② ⓑ, ⓒ

③ ⓒ, ⓓ   ④ ⓐ, ⓒ

169 커피를 볶으면 지속적으로 어떤 물질이 방출되어 커피에 산소 침투를 막는다. 그 물질로 옳은 것은?

① CO_2 gas   ② CH_4 gas

③ NO_2 gas   ④ SO_2 gas

해설 • 커피를 볶은 후부터 지속적으로 CO_2 gas가 방출되는데 CO_2 gas는 커피로 침투하는 산소를 차단하는 역할을 한다.

170 커피를 볶을 때 방출되는 CO_2 gas의 역할로 옳은 것은?

① 커피 속의 온도를 일정하게 유지하는 역할을 한다.

② 커피로 침투하는 습도를 차단하는 역할을 한다.

③ 커피로 침투하는 산소를 차단하는 역할을 한다.

④ 커피가 분쇄되지 않도록 커피 내부의 압력을 조절한다.

해설 • CO_2 gas는 커피로 침투하는 산소를 차단하는 역할을 한다.

정답 165. ③   166. ③   167. ④   168. ④   169. ①   170. ③

바리스타 예상문제 1

171 일반적인 커피 보관방법에 관한 설명이다. 바르지 못한 것은?

① 커피는 보관 기간에 따라 냉동과 냉장보관으로 구분한다.

② 장기간 보관할 경우에는 냉동 보관을, 단기간 보관할 경우에는 냉장 상태로 보관하는 것이 좋다.

③ 밸브봉투에 담긴 분쇄커피인 경우 통풍을 위하여 밸브 구멍부위에 작은 통로를 만들면 좋다.

④ 냉동·냉장 보관한 커피를 사용할 때에는 밀폐된 커피 용기를 꺼내어 실내온도와 같아지게 한 뒤에 개봉하여 사용하는 것이 좋다.

> **해설** · 밸브봉투에 담긴 분쇄커피인 경우에는 구입 즉시 밸브 구멍부위를 테이프로 밀봉하는 것이 좋다. 밸브를 통해 공기가 유입되어 커피의 산패를 촉진시킬 수 있기 때문이다.

172 원두 상태의 커피가 가루 상태의 커피보다 향이 월등히 오래가는데 그 이유로 옳은 것은?

① 원두 상태가 공기와 접촉하는 면이 적어지기 때문이다.

② 가루 상태가 습기 침투 가능성이 적어지기 때문이다.

③ 가루 상태는 일정 온도를 유지할 수 없기 때문이다.

④ 원두 상태가 보관이 용이하기 때문이다.

> **해설** · 원두 상태의 커피는 가루 상태보다 공기 접촉 면이 적어 향이 훨씬 오래 간다.

173 커피 보관을 위해 사용하는 밀폐용기에 관한 설명이다. 바르지 못한 것은?

① 밀폐용기에서 커피가 신선도를 유지하려면 용기 속에 커피가 가득 차 있어야 한다.

② 밀폐용기 내의 여유 공간이 있더라도 커피가 내뿜은 탄산가스와 향이 가득 차있어 산패지연과 향 보존에 어느 정도의 역할을 한다.

③ 밀폐용기를 사용하려면 플라스틱으로 된 것이 좋다.

④ 밀폐용기는 습기의 유입을 막아 커피의 산패를 늦추는 효과가 있으나 소비자의 기대치 만큼의 효과를 기대하기는 어렵다.

> **해설** · 밀폐용기를 사용하려면 도자기로 된 것이 좋다. 플라스틱으로 된 것은 향과 기름을 흡수하기 때문에 시간이 지나면 나쁜 냄새가 난다.

바리스타 예상문제 1

174 **커피의 신선도를 유지하는 방법이다. 틀린 것은?**

① 2주 이내에 사용할 커피는 잘 밀봉하여 신선하고 어두운 곳에 보관한다.

② 커피 원두를 소량으로 구입하여 며칠 이내에 소비하는 것이다.

③ 커피생산자는 대량포장으로 커피를 공급하도록 해야 한다.

④ 일단 개봉된 커피는 최대한 빠른 시일 내에 소진한다.

해설 • 커피생산자는 소량포장으로 커피를 공급하도록 해야 한다.

175 **일반적인 커피의 보관과 사용에 관한 설명이다. 틀린 것은?**

① 차가운 커피를 바로 개봉하여 그대로 두면 이슬이 맺혀 커피 맛의 변질을 가속한다.

② 커피숍은 판매량이 많아 1kg 이상 많은 양을 포장 보관하고 개봉하여 판매하는 것이 좋다.

③ 그라인더의 용량이 크더라도 한두 시간 정도의 커피 사용량만을 넣고 사용하는 것이 좋다.

④ 포장 단위는 반드시 커피의 신선도를 고려해야 한다.

해설 • 하루에 1~2kg 정도의 커피를 사용하는 에스프레소 커피숍이더라도 500g을 초과하는 포장단위는 좋지 않다.

176 **커피의 신선도를 결정하는 가장 중요한 시점은 언제인가?**

① 상품으로 포장된 시점

② 로스팅 시점

③ 커피를 구입하여 보관하는 시점

④ 커피의 추출 시점

정답 171. ③ 172. ① 173. ③ 174. ③ 174. ② 176. ②

바리스타 예상문제 1

177 **커피의 보관과 사용에 관한 설명이다. 바르지 못한 것은?**

① 차가운 분쇄커피는 그대로 사용해야 커피의 맛과 향을 제대로 끌어낼 수 있다.

② 냉동·냉장 보관하는 방법은 갓 볶은 신선한 커피이어야 의미가 있다.

③ 볶은 지 2주 이상 지난 커피는 냉동·냉장 보관하더라도 효과가 없다.

④ 포장 봉투는 가능한 한 여유 공간이 없어야 한다.

> **해설** · 차가운 분쇄커피를 그대로 사용하면 뜨거운 물을 부을 때 추출온도가 낮아져서 커피의 맛과 향을 제대로 끌어낼 수 없게 된다.

178 **커피의 보관법 중 봉투를 이용하고자 할 때 바르지 못하게 설명한 것은?**

① 포장 봉투에 커피를 담은 후 가능한 공기를 모두 빼내고 밀봉해야 한다.

② 봉투가 내용물에 비해 너무 크면 좋지 않다.

③ 일단 개봉되었던 커피라고 하더라도 밀봉만 튼튼히 하면 처음과 같은 향과 맛이 유지된다.

④ 봉투 안의 여유 공간을 최소화하는 것이 좋다.

> **해설** · 일단 개봉되었던 커피는 아무리 밀봉을 잘해도 다시 개봉하였을 때 처음 때와 같은 풍부한 커피 향을 결코 느낄 수 없다.

179 **커피의 산패에 관한 설명이다. 거리가 먼 것은?**

① 산패란 유기물이 산화되어 지방산을 발생시키고 그로 인해 맛과 향이 변하는 현상이다.

② 커피가 공기 중의 산소와 접촉하여 산화되면서 그 맛과 향이 변질하는 것을 말한다.

③ 산패란 커피가 변질하는 것으로 부패와 같은 개념이다.

④ 산패에 영향을 미치는 것은 빛, 산소, 습도가 가장 치명적인 것들이다.

> **해설** · 산패는 부패와는 조금 다른 개념이다. 부패는 물질 그 자체가 변질하는 현상이지만 산패란 물질은 변질하지 않더라도 산화되어 맛과 향이 변질함을 말한다.

바리스타 예상문제 1

180 **커피의 신선도에 관한 설명이다. 바르지 못한 것은?**

① 전기 커피메이커에 오래 두고 데워 마시는 것은 좋지 않다.

② 추출된 커피는 20분 이내에 마시는 것이 맛과 향이 살아 있는 커피를 즐기는 방법이다.

③ 커피메이커의 열판 위에서 20분 이상 지나면 커피의 맛과 향은 변질하게 된다.

④ 분쇄된 커피의 경우 전기 커피메이커로 추출해 놓고, 열판 위에서 커피를 졸여가면서 마시는 것이 더 좋다.

181 **커피숍에서 신선한 커피를 사용할 수 있는 방법이다. 거리가 먼 것은?**

① 로스팅된 지 10일 이내의 커피를 분쇄상태로 구입한다.

② 구입한 커피 원두는 가능한 한 빨리 소비한다.

③ 커피원두를 밀폐상태로 어둡고 서늘한 곳에서 실온 보관한다.

④ 커피를 추출하기 직전에 적정량의 원두만을 분쇄하여 사용한다.

> **해설** · 로스팅된 지 일주일 이내의 커피를 원두 상태로 구입한다.

182 **커피의 산패과정으로 맞는 것은?**

① 증발단계 → 성분 간 반응하여 원래 향미 상실 → 내부 성분 변질

② 성분 간 반응하여 원래 향미 상실 → 증발 단계 . 내부 성분 변질

③ 증발단계 → 내부 성분 변질 → 성분 간 반응하여 원래 향미 상실

④ 내부 성분 변질 → 증발 단계 → 성분 간 반응하여 원래 향미 상실

> **정답** 177. ① 178. ③ 179. ③ 180. ④ 181. ① 182. ①

바리스타 예상문제 1

183 **커피의 산패에 관한 설명이다. 거리가 먼 것은?**

① 산패의 관점에서 본다면 생두 상태의 커피는 몇 년 동안도 저장할 수 있다.

② 커피는 로스팅이 되고 나면 순간마다 변해 간다.

③ 로스팅 시점으로부터 15~20일 정도 지나면 산패과정에 접어들었다고 할 수 있다.

④ 분쇄상태가 아니고 가공을 거치지 않은 원두 상태라면 산패되는 기간이 훨씬 짧아지게 된다.

해설 ▶ • 보관 상태가 미흡하거나 원두 상태가 아니고 가공을 거친 분쇄상태라면 산패의 기간은 훨씬 짧아지게 된다.

184 **커피의 산패에 관한 설명이다. 바르지 못한 것은?**

① 커피의 산패과정은 생산, 유통, 소비의 모든 단계에 걸쳐 진행된다.

② 커피의 산패는 유통과 소비단계보다는 생산단계에서 더욱 심각하게 진행된다.

③ 커피의 산패를 지연시키기 위해 다양한 포장 기술도 개발되었다.

④ 산패 자체를 방지하는 방법은 없다.

185 **우리가 알고 있는 커피의 유통기한에 속하지 않는 것은?**

① 생산 ~ 건조　　　　　② 로스팅 ~ 출고

③ 출고 ~ 소비자　　　　④ 구매자 ~ 사용기간

186 **커피의 맛과 향에 관한 설명이다. 바르지 못한 것은?**

① 전문가가 아니면 세분화된 커피향의 종류를 식별하는 것은 쉽지 않다.

② 커피의 향은 아로마와 플레버로 구분한다.

③ 아로마는 미각적으로 느끼는 것이고 플레버는 후각적으로 느끼는 것이다.

④ 커피의 맛과 향에는 아로마, 플레버 외에도 바디라는 개념이 있다.

바리스타 예상문제 1

187 커피의 로스팅과 산패에 관한 설명이다. 바르지 못한 것은?

① 강한 로스팅일수록 산패가 빨리 진행된다고 볼 수 있다.

② 강한 로스팅이 다공질 조직이 되며 함수율이 낮다.

③ 함수율이 낮다는 것은 커피가 그만큼 건조함을 의미한다.

④ 원두 표면의 기름은 습기를 차단한다.

해설 ㆍ원두 표면의 기름은 습기를 차단한다기보다는 기름기 그 자체가 산소와 접촉하면서 오히려
더 산패를 재촉하게 된다.

188 커피의 유통과정 중 선진국일수록 그 기간이 짧은 것은?

① 생산 ~ 건조   ② 로스팅 ~ 출고

③ 출고 ~ 소비자   ④ 구매자 ~ 사용기간

189 커피의 맛과 향에 관한 용어 중 후각적인 느낌으로 옳은 것은?

① 아로마   ② 플레버

③ 바디   ④ 블랜드

190 커피의 맛과 향에 관한 용어 중 맛과 향의 복합적인 느낌으로 옳은 것은?

① 에프터테이스트   ② 플레버

③ 바디   ④ 블랜드

정답 183. ④ 184. ② 185. ① 186. ③ 187. ④ 188. ③ 189. ① 190. ②

바리스타 예상문제 1

191 커피의 맛과 향에 관한 용어 중 Aftertaste의 의미를 바르게 설명한 것은?

① 커피를 삼킨 후에 입 안에서 지속되는 커피의 맛과 향을 말한다.

②'산미'라고도 부르며 신맛이라기보다는 새콤한 맛을 뜻한다.

③ 전체적인 향의 뜻으로 향기, 아로마, 플레버, 후미의 총괄적 개념이다.

④ 특별히 어떤 강한 맛이 없는 밋밋하고도 약한 맛의 표현이다

192 커피의 맛과 향에 관한 용어 중 Bland의 의미를 바르게 설명한 것은?

① 커피를 삼킨 후에 입 안에서 지속되는 커피의 맛과 향을 말한다.

② '산미'라고도 부르며 신맛이라기보다는 새콤한 맛을 뜻한다.

③ 전체적인 향의 뜻으로 향기, 아로마, 플레버, 후미의 총괄적 개념이다.

④ 특별히 어떤 강한 맛이 없는 밋밋하고도 약한 맛의 표현이다.

193 커피의 맛과 향에 관한 용어 중 Bouquet의 의미를 바르게 설명한 것은?

① 중간 정도의 로스팅 과정에서 생성되는 버터 사탕, 꿀과 같은 종류의 냄새를 표현한다.

② 강한 로스팅 커피에서 느껴지는 탄 맛을 뜻한다.

③ 전체적인 향의 뜻으로 향기, 아로마, 플레버, 후미의 총괄적 개념이다.

④ 달콤한 맛과 흡사하며 혀끝에서 살짝 느껴지는 맛이다.

194 커피의 맛과 향에 관한 용어 중 Body의 의미를 바르게 설명한 것은?

① 농도와 비슷한 개념으로 입 안 가득히 느껴지는 느낌이며 진하다, 연하다, 중후하다 등으로 표현된다.

② 흙냄새, 텁텁하고 시큼한 맛, 곰팡이 냄새 등 불쾌한 맛이다.

③ 거칠고 조화롭지 못한 맛이다.

④ 달콤한 맛과 흡사하며 혀끝에서 살짝 느껴지는 맛이다.

바리스타 예상문제 1

195 커피의 맛과 향에 관한 용어 중 미각적인 느낌으로 옳은 것은?

① 비터 　　　　　　② 플레버
③ 바디 　　　　　　④ 더티

196 커피의 맛과 향에 관한 용어 중 Delicate의 의미를 바르게 설명한 것은?

① 특별히 어떤 강한 맛이 없는 밋밋하고도 약한 맛의 표현이다.
② 흙냄새, 텁텁하고 시큼한 맛, 곰팡이 냄새 등 불쾌한 맛이다.
③ 거칠고 조화롭지 못한 맛이다.
④ 달콤한 맛과 흡사하며 혀끝에서 살짝 느껴지는 맛이다.

197 커피의 맛과 향에 관한 용어 중 Dirty의 의미를 바르게 설명한 것은?

① 특별히 어떤 강한 맛이 없는 밋밋하고도 약한 맛의 표현이다.
② 흙냄새, 텁텁하고 시큼한 맛, 곰팡이 냄새 등 불쾌한 맛이다.
③ 거칠고 조화롭지 못한 맛이다.
④ 달콤한 맛과 흡사하며 혀끝에서 살짝 느껴지는 맛이다.

198 커피의 맛과 향에 관한 용어 중 Mild의 의미를 바르게 설명한 것은?

① 농도와 비슷한 개념으로 입 안 가득히 느껴지는 느낌이며 진하다, 연하다, 중후하다 등으로 표현된다.
② 흙냄새, 텁텁하고 시큼한 맛, 곰팡이 냄새 등 불쾌한 맛이다.
③ 쓴맛, 신맛, 단맛, 향미 등 전체적인 커피의 느낌이 부드럽고 조화를 이루는 맛의 표현이다.
④ 생두 자체가 품고 있었던 냄새 성분으로 약하게 로스팅되었을 때 강조되는 향이다.

정답　191. ①　192. ④　193. ③　194. ①　195. ③　196. ④　197. ②　198. ③

바리스타 예상문제 1

199 커피의 맛과 향에 관한 용어 중 Dry-Aroma의 의미를 바르게 설명한 것은?

① 농도와 비슷한 개념으로 입 안 가득히 느껴지는 느낌이며 진하다, 연하다, 중후하다 등으로 표현된다.

② 흙냄새, 텁텁하고 시큼한 맛, 곰팡이 냄새 등 불쾌한 맛이다.

③ 로스팅된 커피 원두로부터 기체 상태로 발산되는 향기를 의미한다.

④ 달콤한 맛과 흡사하며 혀끝에서 살짝 느껴지는 맛이다.

200 커피의 맛과 향에 관한 용어 중 Rich의 의미를 바르게 설명한 것은?

① 주로 커피를 삼킬 때 느껴지는 고소한 향미로 땅콩 같은 볶은 견과류에서 느껴지는 냄새다.

② 맛과 향, 후미 등 커피의 느낌을 평가하는 전체적인 부분에 사용되며 그 맛과 향이 진하고 풍부할 때 사용된다.

③ 혀에서 느껴지는 날카로우면서도 소금기가 있는 듯한 메마른 느낌을 표현한다.

④ 생두 자체가 품고 있었던 냄새 성분으로 약하게 로스팅되었을 때 강조되는 향이다.

201 커피의 맛과 향, 로스팅의 관계를 설명한 것이다. 틀린 것은?

① 로스팅의 강약 정도는 추출된 커피의 맛과 향에 결정적인 영향을 미친다.

② 숙련된 커피 로스터는 맛과 향을 예측하고 로스팅의 정도를 결정해야 한다.

③ 같은 종류의 원두는 로스팅의 정도와 방법도 같게 해야 한다.

④ 블랜드 커피를 로스팅할 경우 원두별 맛과 향의 정도를 어떻게, 어느 정도에서 조화시킬 것인가까지 계산해야 한다.

> **해설** · 같은 원두일지라도 어떤 맛과 향을 목적하느냐에 따라 로스팅의 정도가 달라진다.

바리스타 예상문제 1

202 커피의 맛과 향에 관한 용어 중 Cup-Aroma의 의미를 바르게 설명한 것은?

① 로스팅된 커피 원두로부터 기체 상태로 발산되는 향기를 의미한다.

② 커피의 기본적인 맛은 극단적으로 말하면 쓴맛이 강약과 질에 있다고 할 수 있다.

③ 전체적인 향의 뜻으로 향기, 아로마, 플레버, 후미의 총괄적 개념이다.

④ 추출된 커피로부터 증발하는 향기를 의미하며 모두 후각으로 느끼는 느낌이다.

203 커피를 맛있게 마시는 방법에 관한 설명이다. 바르지 못한 것은?

① 커피 맛과 향을 완벽하게 얻기 위해 가장 짧은 시간에 추출한다.

② 한 번 걸러낸 원두는 재사용하지 않도록 한다.

③ 커피메이커에 알맞은 굵기로 원두를 갈도록 한다.

④ 냄새가 나는 물은 사용하지 않다.

> **해설** · 커피 맛과 향의 완벽한 추출을 위해서는 충분한 시간이 필요하다. 맛과 향이 담긴 섬유조직이 팽창되고 와해하여야만 하기 때문이다.

204 커피와 함께하는 물에 관한 설명이다. 바르지 못한 것은?

① 커피음료는 99%가 물로 이뤄져 있다.

② 수돗물은 염소소독으로 인하여 냉동시켰다가 해동하여 사용하는 것이 좋다.

③ 수돗물의 염소 냄새를 완전히 제거할 수 없으면은 정수기를 설치하는 것이 좋다.

④ 물탱크의 물은 일단 저장해 놓았다가 사용하는 것이 좋다.

> **해설** · 수돗물은 소독 과정에 사용된 염소에서 강한 냄새가 있기 때문에 언제나 끓여서 사용해야 한다.

정답 199. ③ 200. ② 201. ③ 202. ④ 203. ① 204. ②

바리스타 예상문제 1

205 커피를 맛있게 마시는 방법에 관한 설명이다. 바르지 못한 것은?

① 연수보다는 광물질이 섞인 경수를 사용하는 것이 좋다.

② 물의 온도는 섭씨 85~95도가 최적이다.

③ 물과 커피의 배합비는 인스턴트 커피의 경우 1인분에 커피 1.5g~ 2g
  정도가 적당하다.

④ 커피에 크림을 넣는 경우 설탕을 먼저 넣고 저은 다음에 넣는다.

> **해설** · 광물질이 섞인 경수보다는 연수가 적당하다.

206 커피를 맛있게 마시는 방법에 관한 설명이다. 바르지 못한 것은?

① 레귤러 커피의 경우 10g 내외의 커피를 130~150cc의 물을 사용하여
  100cc를 추출하는 것이 좋다.

② 커피를 잔에 따랐을 때의 최적온도는 66℃ 내외가 되면 좋다.

③ 커피에 크림을 넣는 경우 설탕과 함께 넣어서 저으면 된다.

④ 커피는 다시 데우지 말고 그때그때 마실 만큼만 만든다.

> **해설** · 커피에 크림을 넣는 경우, 액상 또는 분말 어느 경우에도 설탕을 먼저 넣고 저은 다음에 넣
> 는다.

207 커피에 크림을 넣는 경우에 관한 설명이다. 바르지 못한 것은?

① 우유를 사용하면 수분이 많아 커피를 많이 희석하기 때문에 크림을
  많이 사용한다.

② 분말크림은 지방 함량이 매우 높기 때문에 다이어트 시 피해야 할 품
  목이다.

③ 분말크림은 인스턴트 커피와 잘 어울린다.

④ 액상 크림은 원두커피와는 잘 어울린다.

> **해설** · 액상 크림은 동물성 크림으로 지방 함량이 매우 높기 때문에 다이어트를 하는 사람에게는
> 피해야 할 품목이다.

바리스타 예상문제 1

208 커피에 우유를 넣는 경우에 관한 설명이다. 틀린 것은?

① 커피와 가장 잘 어울리는 식품은 우유다.

② 커피의 단점이 우리 몸의 비타민을 파괴하는데 우유가 이를 보완해 준다.

③ 커피에 우유를 넣어 마시는 유명한 카페오레도 원래 의류용으로 개발되었다.

④ 부드러운 커피의 맛이 나고, 우유의 유당으로 단맛까지 난다.

해설 • 커피의 단점 중 하나는 칼슘의 일부를 소변으로 배출시키는 것인데 우유에는 칼슘 함량이 높아 커피의 부족분을 채워줄 수 있다.

209 커피를 맛있게 마시기 위한 여러 온도에 관한 설명 중 바르지 못한 것은?

① 물의 온도는 섭씨 85~95℃가 최적이다.

② 물의 온도가 100℃가 넘으면 카페인이 변질한다.

③ 물의 온도가 70℃ 이하이면 독특한 에스프레소 커피의 맛이 살아난다.

④ 커피 향은 86℃의 온도에서 가장 잘 유지된다.

해설 • 물의 온도 70℃ 이하에서는 타닌의 떫은맛이 난다.

210 커피에 크림을 넣는 경우에 관한 설명이다. 틀린 것은?

① 설탕을 먼저 넣고 저은 다음에 크림을 넣는다.

② 커피의 온도가 85℃ 이하로 떨어진 후에 크림을 넣어야 한다.

③ 고온의 커피에 넣으면 크림의 단백질이 걸쭉한 형태로 응고되는 현상이 나타난다.

④ 설탕을 먼저 넣고 저은 다음에 크림을 넣는 것은 분말커피에는 해당하지 않는다.

정답 205. ① 206. ③ 207. ② 208. ② 209. ③ 210. ④

바리스타 예상문제 1

211 다음은 어떤 식중독에 대한 설명인가?

사람이 균을 가지고 있을 때 식품을 오염시킬 수도 있고, 때로는 닭고기나 달걀 등에 처음부터 균이 존재하는 경우도 있으며, 병에 걸린 동물의 분변이 식품에 오염되는 경우도 있다.

① 장염비브리오 식중독　　② 살모넬라 식중독
③ 웰치균 식중독　　　　　④ 포도상구균 식중독

212 커피와 함께하면 좋은 식품 중 일반적으로 가장 잘 어울리는 식품으로 옳은 것은?

① 초콜릿　　　　　　　　② 버터
③ 우유　　　　　　　　　④ 술

213 식품위생은 음식물과 관련 있는 비위생적인 요소를 제거해야 하는데 그 요소가 아닌 것은?

① 첨가물　　　　　　　　② 기구
③ 용기　　　　　　　　　④ 업장 외부

> **해설**　• 업장 외부가 아닌 포장이다.

214 세균이 생존·증식하기 위한 필수 조건이 아닌 것은?

① 수분　　　　　　　　　② 영양
③ 토양　　　　　　　　　④ 온도

215 포도상구균 식중독의 독소는?

① 엔테로톡신　　　　　　② 삭시톡신
③ 뉴로톡신　　　　　　　④ 테트로도톡신

바리스타 예상문제 1

216 커핑 시 일반적으로 몇 온스의 컵을 사용하는가?

① 1온스   ② 2온스
③ 4온스   ④ 6온스

217 다음은 무엇에 대한 설명인가?

식품 관리자들에게 잠정적인 위험 요인을 사전에 알려주어 즉각적인 조치를 취할 수 있도록 고안된 품질관리를 위해 예방체계로 미생물적인 관리에 역점을 두고 있다. 쥐, 파리, 바퀴벌레 등에 의해 식품에 오염된다.

① HAOOP   ② HATSL
③ HACCP   ④ HECCO

218 커핑 시 후각 평가 항목이 아닌 것은?

① 원두의 향   ② 분쇄 커피의 향
③ 입속에 퍼지는 커피 향   ④ 바디감

219 감칠맛이 많이 느껴지는 커피 품종은?

① 케냐   ② 콜롬비아
③ 블루마운틴   ④ 코스타리카

정답 ➤ 211. ②   212 ③   213. ④   214. ③   215. ①   216. ④   217. ③   218. ④   219. ③

바리스타 예상문제 1

220 덜 볶은 콩이나 오래 추출한 커피에서 발생하는 맛은?

① 떫은맛   ② 쓴맛

③ 거친 맛   ④ 단맛

221 커핑 물붓기를 할 때 적정 물 온도는?

① 70~75℃   ② 75~80℃

③ 83~87℃   ④ 93~95℃

222 SCAA 컵핑 평가에서 가루 상태의 냄새를 나타내는 것은?

① Fragrance   ② Aroma

③ Flavor   ④ Aftertaste

223 에스프레소 커피를 중심으로 하는 높은 수준의 커피에 대한 경험과 지식을 가지고, 커피의 종류와 에스프레소, 품질, 종류, 로스트 정도, 장비의 관리, 라테 아트 등의 커피에 대한 지식을 바탕으로 숙련된 커피를 만들어 내는 사람을 무엇이라고 하는가?

① 바리스타   ② 로스터

③ 바르멘   ④ 웨이터

224 "커피는 악마와 같이 검고, 지옥과 같이 뜨거우며, 천사와 같이 순수하고, 키스처럼 달콤하다…"라고 했다. 라고 한 프랑스 작가는?

① 키넨   ② 막스마라

③ 돈키호테   ④ 타테랑

바리스타 예상문제 1

225 포터 필터를 장착하는 곳은?

① 그룹헤드　　　　　　　② 개스킷
③ 도징　　　　　　　　　④ 넉 박스

226 더블과 같은 뜻으로 사용되는 것은?

① 리스트레또　　　　　　② 에스프레소
③ 원샷　　　　　　　　　④ 도피오

227 커피에서 좀 저자극적인 맛이 나도록 하기 위해 커피를 습기가 많은 온도에서 장시간 둠으로써 열매를 숙성시키는 것으로 이것을 바로 '숙성된 커피(aged coffee)'라고 불리우는 것은?

① 케냐　　　　　　　　　② 모카자바
③ 몬수닝　　　　　　　　④ 마키아또

228 커피에 휘핑한 크림을 넣어서 부드럽게 마시는 오스트리아 빈 도시의 전통 커피는?

① 비엔나　　　　　　　　② 캐러멜 마키아또
③ 프라프치노　　　　　　④ 카페오레

229 오스트리아 빈에서 오후 3시에서 5시 사이에 커피를 마시는 시간은 무엇이라고 하는가?

① 슈파르제　　　　　　　② 아우스 레인
③ 아우스 바인　　　　　　④ 야우제

 정답 220.① 221.④ 222.① 223.① 224.④ 225.① 226.④ 227.③ 228.① 229.④

바리스타 예상문제 1

230 에스프레소의 표면에 떠 있는 황금색의 거품을 무엇이라고 하는가?

① 크레마
② 크레송
③ 프리마
④ 크레이어

231 에스프레소에 관한 설명이다. 바르지 않는 것은?

① Espresso란 빠르다는 에티오피아어에서 나온 말이다.
② 커피메이커나 드립퍼로는 에스프레소를 만들기 힘들다.
③ 제대로 추출된 에스프레소는 우선 양이 적고 맛이 매우 진하다.
④ 에스프레소에는 크레마라는 황금색 크림 층이 윗부분에 형성된다.

해설 · Espresso란 빠르다는 이탈리아어에서 나온 말이다.

232 에스프레소의 크레마(crema)에 관한 설명이다. 틀린 것은?

① 크레마는 에스프레소를 추출하는 데 있어 가장 중요한 요소이다.
② 크레마는 에스프레소의 품질을 시각적으로 판단할 수 있는 기준이 된다.
③ 영어로 프리마라는 뜻이다.
④ 크레마는 처음 추출될 때는 짙은 갈색이다.

해설 · 영어로 크림이란 뜻.

233 에스프레소에 관한 설명이다. 바르지 않는 것은?

① 드립식에 비해 에스프레소의 추출이 1~2분 정도 훨씬 느리다.
② 약 9기압 정도의 증기를 투과시켜 추출한다.
③ 크레마가 에스프레소의 맛을 좌우한다 해도 과언이 아니다.
④ 에스프레소는 그냥 마셔도 커피 고유의 향과 감칠맛이 난다.

해설 · 드립식(1~2분)에 비해 에스프레소의 추출은 20초 정도 훨씬 빠르다.

바리스타 예상문제 1

234 에스프레소 추출 시 분쇄 후 포터 필터의 상단 부분을 두드려서 원두를 고르는 단계를 무엇이라고 하는가?

① 태핑   ② 탬핑

③ 추출   ④ 블랜드

235 에스프레소 추출 시 분쇄 후 원두를 다지는 단계를 무엇이라고 하는가?

① 태핑   ② 탬핑

③ 분쇄   ④ 혼합

236 에스프레소 추출 시 두 잔을 추출하려면 몇 g의 원두가 필요한가?

① 5g   ② 8g

③ 10g   ④ 15g

237 1차 탬핑 시 가하는 힘의 무게는?

① 2~3kg   ② 5kg

③ 7kg   ④ 10kg

238 에스프레소에 관한 설명이다. 바르지 않는 것은?

① 에스프레소의 진정한 매력은 짙은 감칠맛과 폭발적인 향에 있다.

② 에스프레소의 맛과 향은 원두의 단백질 성분 때문이다.

③ 휘발성 향은 에스프레소로 만들어지면서 공기 중으로 방출된다.

④ 이탈리아에서는 에스프레소에 아무것도 첨가하지 않은 채 그대로 마신다.

해설 · 에스프레소의 맛과 향은 원두의 지방 성분 때문이다.

정답 230. ①   231. ①   232. ③   233. ①   234. ①   235. ②   236. ④   237. ①   238. ②

바리스타 예상문제 1

239 에스프레소 기계 중 보일러에 물이 얼마나 들어 있는가를 표시해 주는 것은?

① 압력 게이지   ② 분산 스크린

③ 스팀 노즐   ④ 워터 레벨 게이지

240 에스프레소의 크레마(crema)에 관한 설명이다. 틀린 것은?

① 크레마는 시간이 지나면서 점점 엷은 갈색으로 변한다.

② 가장 좋은 상태의 크레마는 갈색 띠가 3~4mm 정도 형성된 것이다.

③ 좋은 상태의 크레마는 표면에는 호랑이 줄무늬가 형성된다.

④ 크레마는 처음 추출될 때는 검은색에 가깝다.

해설 · 크레마는 처음 추출될 때는 짙은 갈색이다.

241 에스프레소 기계 중 스팀과 물의 압력 레벨을 표시해 주는 장치는?

① 워터노즐   ② 압력 게이지

③ 개스킷   ④ 포타필터

242 에스프레소 기계 중 분산 스크린(디퓨져)의 역할은?

① 추출할 때 고온·고압의 물이 새지 않도록 차단하는 역할을 한다.

② 바스켓 필터의 커피에 물이 고르게 분배되도록 해준다.

③ 에스프레소에 필요한 적절한 온도로 가열하고 저장하는 역할을 한다.

④ 보일러에 물이 얼마나 들어 있는가를 표시하는 역할을 한다.

243 에스프레소 기계 중 에스프레소에 필요한 적절한 온도로 가열하고 저장하는 역 할을 하는 장치는?

① 보일러   ② 개스킷

③ 분산스크린   ④ 그라인더

바리스타 예상문제 1

244 에스프레소 기계 중 개스킷의 역할은?

① 필터홀더에 커피를 담아 눌러줄 때 사용하는 역할을 한다.
② 원두를 분쇄하는 역할을 한다.
③ 추출할 때 고온·고압의 물이 새지 않도록 차단하는 역할을 한다.
④ 바스켓 필터의 커피에 물이 고르게 분배되도록 해준다.

245 에스프레소 기계 중 탬퍼를 설명한 것으로 바른 것은?

① 바스켓 필터, 블랭크 필터로 구성
② 필터홀더에 커피를 담아 눌러줄 때 사용하는 도구
③ 회전하는 2개의 날로 이루어짐
④ 디퓨저라고도 함

246 에스프레소 기계 중 원두를 분쇄하는데 사용하는 기계는?

① 보일러
② 개스킷
③ 분산스크린
④ 그라인더

247 에스프레소 머신기구를 이용할 경우 한잔에 들어가는 일반적인 커피의 양으로 바른 것은?

① 4.5g ~ 5.5g
② 6g ~ 7g
③ 8g ~ 9g
④ 9g ~ 10g

정답 ▶ 239.④ 240.④ 241.② 242.② 243.① 244.③ 245.② 246.④ 247.②

바리스타 예상문제 1

248 에스프레소 추출 시 분쇄에 관한 설명이다. 바르지 않는 것은?

① 입자의 크기는 0.5mm 정도가 좋다.

② 원두를 미세하게 분쇄해야 한다.

③ 그라인더는 숫자가 낮을수록 굵기가 굵어진다.

④ 입자가 너무 고우면 쓴맛이 강한 커피가 된다.

> **해설** · 일반적으로 그라인더는 숫자가 낮을수록 굵기가 가늘어지며 숫자가 높을수록 굵어진다.

249 다음은 탬핑에 관한 설명이다. 바르지 않는 것은?

① 탬핑이란 필터홀더에 커피를 담아 꾹꾹 눌러 다지는 작업을 말한다.

② 커피가 단단하게 눌리면 그만큼 향이 충분하게 우러난다.

③ 필터 주위에 원두 가루가 묻지 않도록 주의해야 한다.

④ 원두가 묻었을 경우에는 반드시 닦아주어야 하지만 균형은 중요하지 않다.

250 에스프레소 커피의 추출량에 대한 설명이다. 바르지 못한 것은?

① 사용되는 커피의 양은 보통 드립커피를 만들 때 양의 2/3이다.

② 드립식보다 물을 훨씬 많이 넣는다.

③ 에스프레소 커피는 약 1oz, 즉 30㎖를 기본 추출량으로 한다.

④ 추출량을 초과하여 커피를 추출하면 맛과 향이 떨어진다.

> **해설** · 드립식보다 물을 훨씬 적게 넣는다.

251 에스프레소 머신의 일일 점검 사항이 아닌 것은?

① 보일러 압력　　　　② 물의 온도 체크

③ 개스킷의 마모 상태　　④ 분사홀더의 세척 상태

바리스타 예상문제 1

252 에스프레소 추출 시 너무 진한 크레마(Dark Crema)가 추출되었다. 원인이 될 수 없는 것은?

① 물의 온도가 95℃보다 높은 경우
② 펌프 압력이 기준압력보다 낮은 경우
③ 포터 필터의 구멍이 너무 큰 경우
④ 물 공급이 제대로 안 되는 경우

253 에스프레소 머신에 장착되는 순서대로 위로부터 나열된 것은?

A : Filter   B : Shower   C : Filter Holder
D : Shower Support   E : Gasket

① E - B - D - A - C   ② D - B - A - C - E
③ E - D - B - A - C   ④ E - C - A - D - B

06

바리스타 실전 예상문제

바리스타 실전 예상문제 2

01 다음은 커피의 품종에 관하여 설명한 것이다. 바르게 연결된 것은?

> 세계에는 60여 종의 커피가 있는데, 그 중 가장 많이 재배되고 있는 것이 (㉠)종과 (㉡)종이다. (㉠)종은 전 세계 커피 생산의 약 75%를 차지하며, 아로마(aroma), 바디(body), 부드러움(smooth), 새콤함(acidity), 초콜릿 맛(chocolate taste)이 다른 종에 비해 풍부하다. (㉡)종은 강한 생명력을 가진 품종으로서 병의 저항력이 강하고, 거칠고(harsh), 쓴맛(bitter)이 강하며, 대부분 인스턴트 커피에 많이 사용된다.

① ㉠ - 아라비카, ㉡ - 로부스타   ② ㉠ - 아라비카, ㉡ - 리베리카
③ ㉠ - 리베리카, ㉡ - 로부스타   ④ ㉠ - 로부스타, ㉡ - 아라비카

02 커피의 과실을 형태학적으로 분류하면 무엇인가?

① 핵과(核果)   ② 견과(堅果)
③ 장과(漿果)   ④ 건과(乾果)

03 생두를 얻기 위해 커피 과육에서 껍질을 벗겨내는 가공 방식에 해당하지 않는 것은?

① 세미 워시드   ② 세척법
③ 자연건조법   ④ 자연가공법

04 탬핑을 하는 가장 큰 이유는?

① 물이 통과할 때 균일한 커피 표면 유지를 위해
② 필터에 커피를 고르게 채우기 위해
③ 두꺼운 크레마를 얻기 위해
④ 물과의 접촉 면적을 늘리기 위해

바리스타 실전 예상문제 2

05 우리나라에서 처음 커피를 마신 사람으로 알려진 많은 주장은 고종(高宗)이다. 고종은 덕수궁 내에 우리 나라 최초의 로마네스크풍의 건물을 지어 이곳에서 커피와 다과를 즐겼다고 한다. 이곳은?

① 경복궁   ② 다원
③ 덕수궁   ④ 정관헌

06 커피에 쓴맛을 부여하는 알칼로이드 물질은 무엇일까?

① 카페인   ② 나리진
③ 알칼로이드   ④ 니신

07 디카페인(Decaffeinated) 커피 추출 방법이 아닌 것은?

① H_2O - European Process   ② Swiss - Water Process
③ Traditional Process   ④ CO_2 - Water Process

08 현재 우리가 알고 있는 커피가 '커피'라고 불리워지기 시작한 시기는?

① 1550년 무렵부터   ② 1650년 무렵부터
③ 1750년 무렵부터   ④ 1850년 무렵부터

09 커피의 다양한 맛과 그 맛의 근원이 되는 성분이다. 틀린 것은?

① 신맛 - 지방산   ② 쓴맛 - 카페인
③ 단맛 - 당질   ④ 떫은 맛 - 리놀레산

정답 ▶ 01. ① 02. ① 03. ④ 04. ① 05. ④ 06. ① 07. ① 08. ② 09. ④

바리스타 실전 예상문제 2

10 커피의 다양한 맛 중 신맛의 원인이 되는 지방산이 포함되지 않는 것은?

① 휘발성 유기산   ② 올레산

③ 팔미트산   ④ 스테아르산

11 오늘날 상업적으로 재배되는 커피의 3대 원종에 속하지 않는 것은?

① 아라비카   ② 로부스타

③ 레귤러   ④ 리베리카

12 1861년 아프리카 동부의 우간다와 에티오피아에서 발생, 실론과 마이소올에 전염되어 커피나무를 전멸시킨 것은?

① 사비병   ② 알레르기병

③ 흑사병   ④ 각질병

13 북위 25도에 북회귀선, 남위 25도에 남회귀선 사이에 지구를 일주하는 환상지대에 위치한 70여개 국에서 커피가 생산되는데 이 지역을 가르키는 말로 바르게 짝지어진 것은?

㉠ 커피존(Coffee Zone)   ㉡ 커피에어리어(Coffee Area)

㉢ 커피벨트(Coffee Belt)   ㉣ 커피그라운드(Coffee Ground)

① ㉠, ㉡   ② ㉠, ㉣

③ ㉠, ㉢   ④ ㉢, ㉣

14 커피의 향미를 표현하는 용어가 아닌 것은?

① bland   ② low

③ acidity   ④ bitter

바리스타 실전 예상문제 2

15 커피가 공기 중의 산소와 반응하여 변패되는 현상을 자동산화라고 한다. 아래의 성분 중에서 자동 산화반응을 일으키는 커피의 성분은?

① 포화지방산
② 불포화지방산
③ 타닌
④ 당질

16 커피의 보관 방법 중 향미 유지를 위한 가장 좋은 방법은?

① 분쇄된 커피는 사용 후 그 상태로 보관한다.
② 공기와의 접촉을 최소화한다.
③ 햇볕이 잘 드는 곳에 보관한다.
④ 반드시 냉동고에 보관한다.

17 커피를 최초로 볶아서 즐기기 시작한 나라는?

① 미국
② 터키
③ 브라질
④ 에티오피아

18 커피의 향미를 평가하는 순서로 가장 적당한 것은?

① 감촉, 맛, 향기
② 색상, 감촉, 맛
③ 향기, 맛, 감촉
④ 맛, 향기, 감촉

19 커피열매 속에는 대부분 두 쪽의 열매가 들어 있다. 그런데 씨가 하나밖에 없는 경우가 있고 그 모양이 둥근 형태인데 이것을 무엇이라 하는가?

① 피토리
② 피어리
③ 피베리
④ 피코리

정답 ▶ 10.① 11.③ 12.① 13.③ 14.② 15.② 16.② 17.② 18.③ 19.③

바리스타 실전 예상문제 2

20 다음은 무엇에 관한 설명인가?

> 뜨거운 물 속에 흑설탕을 넣고 끓여서 녹인 후 불을 끄고 커피 가루를 넣고 저은 뒤 가루가 모두 가라앉을 때까지 5분쯤 두었다가 맑은 커피만을 마시는 것

① 러시안 커피(Russian Coffee)   ② 콜롬비아의 틴토(tinto)
③ 카푸치노   ④ 카페라테

21 커피콩의 구입시 포장에 명시된 상품명인 Brazil Santos NO, 2 screen 19 등의 screen 19의 의미는?

① 결점두의 혼입량   ② 커피콩의 크기에 의한 분류
③ 투명정도에 의한 분류   ④ 커피콩의 모양에 의한 분류

22 다음에 열거한 것 중 커피열매의 내부구조와 관련이 없는 것은?

① 센터 컷(center cut)   ② 체리(cherry)
③ 은피   ④ 내과피

23 다음은 커피의 정제법 중 건식법에 대한 설명이다. 틀린 것은?

① 정제 기간이 약 2주 정도 필요하다.
② 비용이 많이 들기는 하지만 좋은 품질의 커피를 얻을 수 있다.
③ 아주 오랜 옛날부터 사용되던 방식으로 인공건조와 자연건조가 있다.
④ 건조탑이라는 설비를 필요로 하는 것은 건식법 중 인공건조에 해당한다.

해설 · ②는 습식법에 대한 설명이다.

바리스타 실전 예상문제 2

24 다음은 커피의 정제법 중 건식법에 대한 설명이다. 틀린 것은?

① 대부분 아라비카 커피의 생산국에서 사용되고 있는 방법이다.

② 보통 50℃의 열풍으로 3일정도 건조시킨다.

③ 체리의 윗부분과 아랫부분을 자주 고루 섞어 주어야 하며, 밤에는 이슬을 피하기 위해 한 곳에 모아 덮개를 씌워주어야 한다.

④ 별도의 설비에 대한 투자가 필요하지 않을 수도 있는 방법이다.

25 아래 보기의 조건으로 만들어진 커피를 무엇이라고 부르는가?

> ㉠ 그린빈(green bean) 상태의 커피콩을 증기로 쪄서 수분율이 50~60%가 되게 한다.
> ㉡ 솔벤트, 물, CO_2 등을 사용하여 커피와 카페인을 분리한다.
> ㉢ 다시 커피 성분을 넣고 열풍 건조해 수분율을 다시 13%로 맞춘다.

① 초이스 커피　　　　　　② 디카페인 커피

③ 향 커피　　　　　　　　④ 인스턴트 커피

26 커피의 품종 중 리베리카종에 대한 설명으로 맞지 않는 것은?

① 에티오피아가 원산지이다.

② 열매의 크기가 크고 강하여 재배하기 쉽다.

③ 저지대에서도 잘 자란다.

④ 수출보다는 대개 자국 소비에 그치며 쓴맛이 지나치게 강하다.

정답 　20. ②　21. ②　22. ②　23. ②　24. ①　25. ②　26. ①

바리스타 실전 예상문제 2

27 커피의 품종 중 아라비카종에 대한 설명으로 맞는 것은?

① 병충해에 강하다.

② 인스턴트 커피에 주로 사용한다.

③ 성장 속도는 느리나 향미가 풍부하다.

④ 열매의 모양이 둥글다.

28 커피의 품종 중 로부스타종에 대한 설명으로 맞는 것은?

① 적정 성장 온도는 15~24℃이다.

② 카페인 함유량이 적다(0.8~1.4%).

③ 해발 1,000~2,000m 정도에서 자란다.

④ 주로 인스턴트 커피 및 배합용으로 사용된다.

29 커피 생산지로서의 브라질에 관한 설명이다. 바르지 못한 것은?

① 아라비카를 생산할 뿐 로부스타는 생산하지 않다.

② 커피의 대부분은 상파울루의 산토스(Santos) 항구로 집결되어 수출된다.

③ 상파울루(San Paulo)는 브라질의 주요 커피 산지 중 하나이다.

④ 브라질의 유명 커피로는 'Brazil Santos NY 2'가 있다.

30 다음 식자재의 관리 중 가장 기본이 되는 방법은?

① 먼저 입고된 식자재를 먼저 사용한다.

② 가능한 남기는 것이 없도록 철저히 계량하여 사용한다.

③ 식자재가 고가인 것을 먼저 사용한다.

④ 유통기간이 가까워지는 식자재는 냉동 보관 후 필요한 만큼만 해동
하여 사용한다.

바리스타 실전 예상문제 2

31 글라스(Glass)를 잡을 때 어느 부분을 잡아야 가장 위생적으로 합당한가?

① 글라스의 상단 　　　　　② 글라스의 입술 닿는 가장자리

③ 글라스의 하단 　　　　　④ 글라스의 어떤 부분도 무관하다.

32 다음 중 배전할 때 원두가 갈색으로 변화하는 이유는 원두의 어떤 성분이 변화하는 것인가?

① 당질 　　　　　② 카페인

③ 지질 　　　　　④ 타닌

33 다음 중 로스팅을 하는 경우 가장 크게 변화되는 것은?

① 용적률 　　　　　② 수분

③ 향미 　　　　　④ 무게

34 다음은 에스프레소 메뉴에 관련된 용어들이다. 바르지 못한 것은?

① 도피오(Doppio) : '두 배' 라는 뜻으로 더블 에스프레소라고 부르는 메뉴

② 데미타스(Demitasse) : 시간을 길게 주어서 추출하여 쓴맛을 더 강조한 에스프레소 메뉴

③ 리스트레또(Ristrotto) : 짧은 시간에 추출한 15~20㎖ 이하의 적은 양의 에스프레소 메뉴

④ 룽고(lungo) : 시간을 길게 하여 35~45㎖의 양을 추출한 에스프레소 메뉴

정답 27. ③　28. ④　29. ①　30. ①　31. ③　32. ①　33. ②　34. ②

바리스타 실전 예상문제 2

35 인도네시아에서 커피를 경작하여 대규모 커피경작의 역사를 연 나라는?

① 네덜란드　　　　　　　② 프랑스

③ 에티오피아　　　　　　④ 미국

36 볶기의 3대 과정의 올바른 순서는?

① 건조 - 냉각 – 열분해　　② 건조 - 열분해 - 냉각

③ 열분해 - 건조 – 냉각　　④ 냉각 - 열분해 - 건조

37 터키 사람들이 커피를 끓여 마시는 기구를 무엇이라 부르는가?

① Melior　　　　　　　　② Ibrik

③ Percolator　　　　　　④ Drip

38 로스팅 방식에 대한 설명 중 맞게 연결된 것은?

　　로스팅 방식은 크게 3가지로 분류할 수 있다. 가스불의 열량이 드럼내부의 온도와 드럼 외부의 구멍을 통해 직접 드럼 속의 커피와 열이 통하는 방식을 (㉠) 식이라 한다. 가열된 공기가 드럼 뒤쪽 구멍을 통해 드럼으로 들어가게 되고 데워진 드럼의 온도에 의해서 로스팅 되는 것을 (㉡)식이라 한다.

　　화력이 드럼 밑에 붙어 있는 형태가 아니라 기계 뒷부분에 부착되어 있어 250도 화력을 이용해 순수한 뜨거운 바람으로 균일한 로스팅과 로스팅 시간을 단축할 수 있는 방식을 (㉢)식이라 한다.

① ㉠ 반열풍식 ㉡ 직화식 ㉢ 열풍식

② ㉠ 반열풍식 ㉡ 열풍식 ㉢ 직화식

③ ㉠ 직화식 ㉡ 반열풍식 ㉢ 열풍식

④ ㉠ 열풍식 ㉡ 반열풍식 ㉢ 직화식

바리스타 실전 예상문제 2

39 수세식 공정 순서가 바른 것은?

① 수확 → 선별 → 세척(이물질 분리) → 과육제거 → 발효조 → 수세 → 건조 → 파치먼트 선별 → 창고

② 수확 → 선별 → 과육제거 → 수조 → 파치먼트 선별 → 발효조 → 수세 → 건조 → 창고

③ 수확 → 선별 → 과육제거 → 수조 → 발효조 → 파치먼트 선별 → 수세 → 건조 → 창고

④ 수확 → 선별 → 세척(이물질 분리) → 과육제거 → 파치먼트 선별 → 발효조 →수세 → 건조 → 창고

40 과테말라의 대표적 커피로 쏘는 듯한 스모크 향과 깊고 풍부한 맛, 살며시 느껴지는 초콜릿 맛이 일품인 것은?

① 타라주　　　　　　　② 안티구아
③ 산토스　　　　　　　④ 엑셀소

41 커피의 황제, 세계 최고의 커피, 부드럽고도 조화로운 맛 타 지역 커피에 비해 밀도가 높은 커피는?

① 블루 마운틴　　　　　② 안티구아
③ 엑셀소　　　　　　　④ 산토스

정답 35. ①　36. ②　37. ②　38. ③　39. ①　40. ②　41. ①

바리스타 실전 예상문제 2

42 커피 전문점 관리에 있어서 바람직하지 못한 것은?

① 연령, 소득 등 인구통계학 특성에 따라 목표 고객을 분석한다.
② 영업 매출 분석을 통해 예측한다.
③ 업장 규모는 가급적 크게 구성한다.
④ 경쟁업체 분석을 수시로 점검한다.

43 에스프레소 기계, 드립퍼(Dripper), 사이폰(Syphon) 등의 사용하는 커피 기구에 따라 커피 분쇄도를 다르게 하는 이유는?

① 커피 분말 입자의 크기에 따라 미분의 생성도가 달라지므로
② 추출시 필요한 커피의 용량을 정확히 측정할 수 있으므로
③ 커피 분말 입자의 크기에 따라 뜨거운 물이 접촉하는 표면적이 달라지므로
④ 커피 분말 입자의 크기를 다르게 하여 많은 양의 커피를 추출하기 위하여

44 바람직한 바리스타(Barista)의 행동이 아닌 것은?

① 커피 제조 시 계량법을 지키지 않다.
② 일일 판매할 재료의 양과 품질이 적당한지 확인한다.
③ 영업장의 환기 및 기물 등의 청결을 깨끗이 유지관리한다.
④ 영업장 내에 필요한 물품 재고를 항상 파악한다.

45 에티오피아에서 생산되는 커피가 아닌 것은?

① 하라(Harrar)
② 이르가체페(Yirgacheffe)
③ 시다모(Sidamo)
④ 코나(Kona)

바리스타 실전 예상문제 2

46 **추출을 위한 분쇄 방법 중 틀린 설명은?**

① 선택한 추출 방법에 알맞은 분쇄 입자를 선택해야 한다.

② 분쇄 입자의 크기가 균일해야 양질의 성분을 일정하게 추출할 수 있다.

③ 미분이 많이 함유되어 있을 때 좋은 맛의 커피를 추출할 수 있다.

④ 적합한 분쇄는 양질의 원두, 적절한 로스팅, 올바른 추출법과 함께 좋은 커피를 얻기 위한 중요한 요소이다.

47 **커피 배전 시 일어나는 물리적 현상이 아닌 것은?**

① 원두 크기의 변화는 없다.

② 온도의 상승으로 원두와 실버스킨이 분리된다.

③ 수분이 증발하고 내부 조직이 팽창되면서 1차 크랙이 발생한다.

④ 1차 크랙 발생 후 2차 크랙이 발생한다.

48 **어느 커피 생산지에 관한 설명이다. 맞는 것은?**

ⓐ 커피의 80%는 일본으로 수출되고, 나머지 20%를 가지고 세계가 나누어 먹고 있다.

ⓑ 커피의 황제라고 불리는 블루마운틴 커피를 생산한다.

ⓒ 일본의 투자로 기계적인 생두의 고속 습식 가공법으로 생두를 가공한다.

① 브라질   ② 과테말라

③ 자메이카   ④ 푸에르토리코

정답 42. ③   43. ③   44. ①   45. ④   46. ③   47. ①   48. ③

바리스타 실전 예상문제 2

49 에티오피아에서 생산되는 커피 중 '에티오피아의 축복'이라고 불려지는 것은?

① 하라(Harrar)

② 이르가체페(Yirgacheffe)

③ 시다모(Sidamo)

④ 코나(Kona)

50 다음 문장 중 배전과 맛의 변화를 적절히 설명한 것은?

① 강배전일수록 쓴맛이 강하다.

② 강배전일수록 신맛이 강하다.

③ 약배전일수록 탄맛이 강하다.

④ 약배전일수록 단맛이 강하다.

51 커피의 배전(Roasting)은 온도와 시간에 따라 저온-장시간 배전과 고온-단시간 배전으로 분류될 수 있다. 다음 중 이 두 가지 배전의 비교 설명으로 옳은 것은?

① 저온 - 장시간 배전은 팽창이 크고 밀도가 작은 반면, 고온-단시간 배전은 팽창이 적어 밀도가 크다.

② 저온 - 장시간 배전 시 1잔당 커피 사용량은 10~20% 덜 쓰게 돼서 경제적이다.

③ 고온 - 단시간 배전의 볶는 온도는 200℃가 좋다.

④ 저온 - 장시간 배전은 고온-단시간 배전보다 수용성 성분이 적어진다.

52 생두를 볶는 과정에서 부피가 가장 커지는 단계는?

① 시나몬   ② 풀씨티

③ 하이   ④ 프렌치

바리스타 실전 예상문제 2

53 에스프레소 기계의 증기압력을 만드는 부품은?

① 급수펌프   ② 보일러

③ 분사필터   ④ 압력 게이지

54 다음 중 커피를 추출하는 방식 중 보일링(Boiling)법에 해당하는 것은 ?

① 에스프레소   ② 페이퍼드립

③ 프렌치 프레스   ④ 이브릭

55 에스프레소 추출 전 '물 흘려보내기' 동작에 대한 내용이다 틀린 것은?

① 샤워 망에 묻어 있을 수 있는 찌꺼기를 제거하기 위한 동작이다.

② 머신의 정상 작동 여부를 확인하는 동작이다.

③ 과열되어 있을 수 있는 추출수를 제거하기 위한 동작이다.

④ 드립 트레이(Drip tray)를 씻어내어 잔 밑부분의 청결을 유지하기 위한 동작이다.

56 추출된 에스프레소의 평가 시 관능적(Sensory) 평가에 대한 설명으로 틀린 것은?

① 크레마의 컬러는 붉은색이 감도는 브라운색이 좋다.

② 크레마는 지속력과 복원력이 높을수록 좋다고 평가한다.

③ 신맛, 쓴맛 그리고 짠맛이 균형 잡힌 에스프레소를 훌륭하다고 평가한다.

④ 에스프레소의 body 감이 높을수록 훌륭하다고 평가한다.

정답   49. ①   50. ①   51. ④   52. ④   53. ②   54. ④   55. ④   56. ③

바리스타 실전 예상문제 2

57 그라인더에 적절한 굵기의 커피를 분쇄하여 배출 레버의 동작에 의해 일정한
양의 커피가 배출되도록 하는 일련의 행위를 무엇이라 하는가?

① Grinding   ② Cupping
③ Packing   ④ Dosing

58 커피 명에 보통 decaf 표시를 하는 커피는 다음 중 어느 것인가?

① 향 커피   ② 콜롬비아 커피
③ 레귤러 커피   ④ 카페인제거 커피

59 다음 연결 중 틀린 것은?

① Romano - cheese   ② Shakerato - shaking
③ Freddo - ice   ④ Lungo - long

60 커피 과실에서 생콩(green beans)을 꺼내는 과정을 정제(精製)라고 하는데,
건식법을 이용한 정제과정에 대한 설명 중 틀린 것은?

① 건조과정 중 발효를 방지하기 위하여 매일 여러 번 섞어 주어야 한다.
② 수확한 과실을 건조장에서 넓게 펴고, 수분함량이 20% 이하가 될 때
   까지 건조한다.
③ 건조에 소요되는 일수는 과실의 익은 정도에 상관없이 일정하다.
④ 아라비카종이나 로부스타종이나 모두 사용된다.

61 로스팅 단계 중 강배전(Dark Roast)에 대한 설명 중 틀린 것은?

① 커피의 볶음 정도를 강하게 할수록 커피 원두의 무게는 줄어든다.
② 카페인양은 감소한다.
③ 이산화탄소는 증가하며 옅은 풋내 향은 증가한다.
④ 오일(커피 지방 성분)의 양은 일정량이 늘어난 후 줄어든다.

바리스타 실전 예상문제 2

62 다음 추출 방식 중 투과법에 해당하지 않는 것은?

① 이브릭   ② 페이퍼드립
③ 융 드립   ④ 에스프레소

63 다음은 추출기구에 대한 설명이다. 추출기구의 명칭은 무엇인가?

가정식 에스프레소커피 추출기구로 끓는 물의 증기압력에 의해 상단으로 물이 올라가는 과정에서 커피 층을 통과하여 커피가 추출 되는 원리로 '스토브 탑(Stove-Top)' 이라고 부른다.

① 모카포트   ② 사이펀
③ 에스프레소   ④ 프렌치 프레스

64 신선한 커피를 핸드 드립으로 추출하면 표면이 부풀어 오르거나 추출액 표면에 거품이 생기는 이유는 커피에 함유된 어떤 성분에 의한 것일까?

① 유기산   ② 탄산가스
③ 지질   ④ 아미노산

65 다음 중 에스프레소 추출 속도에 영향을 미치는 요인이 아닌 것은?

① 분쇄된 원두의 입자 크기   ② 물의 양
③ 분쇄된 원두의 양   ④ 탬핑의 강도

정답   57. ④   58. ④   59. ①   60. ③   61. ③   62. ①   63. ①   64. ②   65. ②

바리스타 실전 예상문제 2

66 추출 시간을 짧게 잡아서 만든 농축된 커피로서 커피가 가장 농후하게 나오는 피크 시점 직후에서 추출을 끊어 만든 이탈리아식 커피는?

① 룽고　　　　　　　　② 에스프레소
③ 리스트레또　　　　　④ 도피오

67 다음 중 향 커피에 속하지 않는 것은?

① 헤이즐넛　　　　　　② 아이리시
③ 바닐라 넛 크림　　　④ 에스프레소

68 커피를 뽑아서 잔에 담아낼 때, 잔의 세척이 불완전하여 세제가 남아 있을 때 나타날 수 있는 향미의 결함은?

① 흙냄새　　　　　　　② 비린내
③ 누린내　　　　　　　④ 곰팡내

69 커피의 추출 방법과 이에 관련되는 보기가 적절하게 연결되지 않은 것은?

① 가압추출법 - 에스프레소　　② 여과법 - 핸드 드립
③ 우려내기 - 프렌치 프레스　　④ 달임법 - 프렌치 커피

70 이탈리아식의 진한 커피로 회교도들이 즐겨 마셨다고 하며 일본에서는 리치 커피라고도 불리는 커피는?

① 비엔나커피　　　　　② 카페 로열
③ 카페 로망　　　　　　④ 아이리시 커피

71 로부스타 커피(Coffea Canephora)의 원산지로 알려진 나라는?

① 탄자니아　　　　　　② 콩고
③ 에티오피아　　　　　④ 예멘

바리스타 실전 예상문제 2

72 **다음에 설명하는 커피로 맞는 것은?**

> 커피 플람베(빙수 얼음과 아이스크림, 콘덴서 우유를 이용한 커피)의 응용으로 어린아이 또는 여성에게 알맞은 메뉴이며 아이스커피와 아이스크림의 앙상블이 매력적인 여름철 커피이다.

① 커피스노우볼   ② 카페 로열
③ 카페 로망   ④ 아이리시 커피

73 **다음에 설명하는 커피로 맞는 것은?**

> 남국의 정열적인 무드가 살아 있는 커피로 화이트럼을 사용하는 것이 특색이다. 사용하는 컵도 대단히 정열적인 느낌을 주는데, 한마디로 자주색의 컵과 진한 밤색의 커피와 노란 레몬의 빛깔이 조화를 뿜어내는 강렬한 이미지의 커피이다.

① 커피스노우볼   ② 카페 로열
③ 트로피컬 커피   ④ 아이리시 커피

74 **원두의 신선도를 저하하는 요인과 가장 관계가 먼 것은?**

① 시간   ② 탄소
③ 산소   ④ 온도

정답 ▶ 66. ③   67. ④   68. ②   69. ④   70. ③   71. ②   72. ①   73. ③   74. ②

바리스타 실전 예상문제 2

75 다음에 설명하는 커피로 맞는 것은?

> 미국에서는 콜드 커피, 일본에서는 쿨커피라고 불리는 이 커피는 여름철에 제일 많이 찾는 메뉴로서, 이 커피의 생명은 커피의 쓴맛에 있다.

① 커피 스노우볼   ② 아이스커피

③ 트로피컬 커피   ④ 아이리시 커피

76 커피를 많이 마시면 가장 많이 보충해 주어야 할 영양소 및 무기질은?

① 칼슘   ② 비타민 B

③ 칼륨   ④ 나트륨

77 다음 중 커피를 담는 기구의 가장 위생적인 세척 순서는?

① 찬물 → 비눗물 → 더운물

② 비눗물 → 더운물 → 찬물

③ 비눗물 → 찬물 → 더운물

④ 더운물 → 비눗물 → 찬물

78 커피의 향미를 표현하는 용어 중 커피 원두(Bean)나 가루를 코로 들이마셔서 맡게 되는 향기로서 플로랄(Floral), 스파이시(Spicy) 등으로 표현할 수 있는 용어는?

① Fragrance   ② After Taste

③ Flavor   ④ Fruity

바리스타 실전 예상문제 2

79 과테말라에서 생산되는 생두의 상품명 뒤에 붙게 되는 SHB(Strictly Hard Bean) 또는 HB(Hard Bean) 등은 무엇을 의미하나?

① 생두의 재배 방법 ② 생두의 결점두 비율
③ 생두의 경작 고도 ④ 생두의 성숙 정도

80 다음 성분 중에서 커피 생두(Green Bean)에 가장 많이 함유된 성분은?

① 단백질 ② 지질
③ 탄수화물 ④ 무기질

81 원두를 이용, 우리가 마시는 음료를 만들기 위해서는 배합(blending)을 거친 후 세 가지 공정을 반드시 거쳐야 하는데 그 공정에 속하지 않는 것은?

① 배전(roasting) ② 분쇄(grinding)
③ 제조(making) ④ 추출(brewing)

82 두 가지 종류 이상의 커피를 혼합하는 것으로, 궁합이 잘 맞는 커피들끼리 혼합하여 맛과 향의 상승효과를 얻고자 함이 그 목적인 과정을 무엇이라 하는가?

① 배전(roasting) ② 분쇄(grinding)
③ 배합(blending) ④ 추출(brewing)

83 사이펀(Siphon) 추출방식이라고도 하면 커피가 만들어지는 과정을 지켜볼 수 있어 시각적 효과가 좋은 커피 추출 방법을 무엇이라 하는가?

① 달임법 ② 우려내기
③ 모카포트 방법 ④ 진공식 추출 방법

정답 75. ② 76. ① 77. ② 78. ① 79. ③ 80. ③ 81. ③ 82. ③ 83. ④

바리스타 실전 예상문제 2

84 과소 추출(under extraction)의 원인과 이에 따른 현상에 대한 설명이다. 틀린 것은?

① 너무 굵은 입도의 분쇄커피의 사용
② 적정량보다 적은 양의 커피를 사용
③ 과다 추출(over extraction)보다 오랜 크레마의 지속성
④ 기준온도보다 낮은 추출 온도

85 추출압력이 낮은 상태에서 긴 시간 동안 추출된 커피의 특징이다. 틀린 것은?

① 짙은 갈색의 크레마와 하얀 점
② 얇은 층의 크레마와 검은띠의 형성
③ 강하고 쓴 신맛
④ 얇은 층의 크레마와 큰 거품 형성

86 기계를 사용하여 추출한 에스프레소를 순수한 물과 비교하였을 때 틀린 것은?

① 굴절률이 증가한다.　　② 점도가 낮아진다.
③ pH가 낮아진다.　　④ 밀도가 높아진다.

87 생두를 볶아서 분쇄한 커피(ground coffee)로부터, 물을 이용하여 맛과 향을 내는 가용성 성분을 최대한 용해해서 뽑아내는 과정을 무엇이라 하는가?

① 배전(roasting)　　② 분쇄(grinding)
③ 배합(blending)　　④ 추출(brewing)

88 아라비카 원종에 가장 가까운 품종으로 콩의 모양이 긴 편이며 좋은 향과 신맛을 가지고 있으며 그늘 경작법(Shading)이 필요하며 생산성이 낮은 품종은?

① 문도 노보(Mundo-Novo)　　② 카투라(Catura)
③ 티피카(Typica)　　④ 켄트(Kent)

바리스타 실전 예상문제 2

89 다음 크레마의 설명 중 틀린 것은?

① 향기의 발산을 방해한다.

② 바로 로스팅한 신선한 원두에서는 더 두껍게 나타난다.

③ 커피 추출 시 나오는 아교질과 커피 오일의 결합체이다.

④ 크레마는 샷 글라스에서 3~4mm 정도 형성되면 아주 좋은 상태이다.

90 탬핑(Tamping)에 관한 내용 중 틀린 것은?

① Tamping 전 바스켓 내의 커피가 수평이 되도록 하는 작업이다.

② 적절한 압력을 유지하는 훈련이 필요하다.

③ 필터 바스켓 내의 커피가 한쪽으로 치우치지 않도록 주의한다.

④ 완벽한 에스프레소의 추출을 위해서 오랜 Tamping 시간이 필요하다.

91 다음 중 커피 추출 시 사용하는 물에 관한 내용이다. 가장 올바른 것은?

① 정수된 물보다는 수돗물을 사용하는 것이 바람직하다.

② 신선하고 좋은 맛이어야 하며 냄새와 불순물이 없어야 한다.

③ 이산화탄소가 남아있지 않은 깨끗한 물이 좋다.

④ 100ppm 이상의 미네랄이 함유된 물이 좋다.

92 체리 속 생두는 보통 두 개가 서로 마주 보고 있다. 이 경우 서로 마주 보는 방향은 평평한데 이런 형태의 생두를 무엇이라 하는가?

① 피베리(Peaberry)　　　　② 홀 빈(Whole bean)

③ 플랫 빈(Flat bean)　　　　④ 커플 빈(Couple bean)

정답　84. ③　85. ④　86. ②　87. ④　88. ③　89. ①　90. ④　91. ②　92. ③

바리스타 실전 예상문제 2

93 로스팅 후 원두의 물리적 변화에 대한 설명 중 옳은 것은?

① 명도 값의 증가　　　　　② 부피의 증가

③ 수분 함량의 증가　　　　④ 압축 강도의 증가

94 로스팅 단계를 달리한 원두 중에서 L 값(명도)이 가장 높은 단계부터 순서대로
올바르게 배열된 것은?

① 미디엄로스트 > 라이트로스트 > 풀시티로스트 > 프렌치로스트

② 라이트로스트 > 미디엄로스트 > 풀시티로스트 > 프렌치로스트

③ 풀시티로스트 > 라이트로스트 > 미디엄로스트 > 프렌치로스트

④ 라이트로스트 > 풀시티로스트 > 미디엄로스트 > 프렌치로스트

95 커피 추출기구 중 일반적으로 분쇄된 원두의 입자가 작은 순서대로 나열한 것
중 옳은 것은?

㉠ 사이펀	㉡ 커피메이커
㉢ 퍼큘레이터	㉣ 이 브릭

① ㉠ - ㉡ - ㉢ - ㉣　　　② ㉣ - ㉡ - ㉠ - ㉢

③ ㉠ - ㉣ - ㉡ - ㉢　　　④ ㉣ - ㉠ - ㉡ - ㉢

96 댐퍼(Damper) 역할과 관계없는 것은?

① 은피를 배출하는 역할

② 드럼 내부의 열량을 조절하는 역할

③ 드럼 내부의 공기 흐름을 조절하는 역할

④ 흡열과 발열 반응을 조절하는 역할

바리스타 실전 예상문제 2

97 추출이 용이하게 적당량의 분쇄된 커피를 필터홀더에 담는 일련의 과정을 패킹 (Packing)이라 하는데 이 과정과 관련이 없는 것은?

① Infusion
② Dosing
③ Tapping
④ Tamping

98 에스프레소 추출 시 추출 시간이 50초 이상 걸렸다. 이를 개선하는 방법 중 맞는 것은?

① 커피의 분쇄를 조금 가늘게 조정한다.
② 추출 시 탬핑(Tamping) 압력을 강하게 한다.
③ 모터 펌프의 추출 압력을 높인다.
④ 사용 원두의 양을 조금 늘린다.

99 원두의 품위 유지를 위한 포장 기술이 아닌 것은?

① 탈취형 포장
② 진공 포장
③ 가스 흡수제의 이용
④ 가스치환 포장

100 가장 좋은 맛의 에스프레소 커피를 추출하기 위해 적절한 물의 온도는?

① 65~70℃
② 75~80℃
③ 90~95℃
④ 95 ~ 100℃

정답▶ 93. ② 94. ② 95. ④ 96. ④ 97. ① 98. ③ 99. ① 100. ③

바리스타 실전 예상문제 2

101 우유 스티밍(Steaming) 과정에 대한 설명 중 부적절한 것은?

① 메뉴에 알맞은 만큼의 우유를 사용한다.

② 우유의 최종 온도는 섭씨 65~70℃를 넘기지 않는다.

③ 공기 유입을 최대한 많이 하기 위해 스팀 피처를 가능한 큰 크기로 선택한다.

④ 항상 신선하고 차가운 우유를 사용해야 한다.

102 커피를 분쇄할 때, 분쇄 커피 입자의 크기를 결정하기 위하여 가장 중요하게 고려해야 할 사항은?

① 추출에 걸리는 시간

② 커피의 종류

③ 커피의 볶음도

④ 날씨

103 다음 중 패킹(Packing)의 순서를 올바르게 설명한 것은 어느 것인가?

① 커피 담기 >탬핑(Tamping) >필터 바스켓 상부 털기 >면 고르기

② 커피 담기 >면 고르기 >탬핑(Tamping) >필터 바스켓 상부 털기

③ 커피 담기 >면 고르기 >필터 바스켓 상부 털기 >탬핑(Tamping)

④ 커피 담기 >필터 바스켓 상부 털기 >탬핑(Tamping) >면 고르기

104 탬핑(Tamping)을 하는 가장 중요한 이유는 무엇인가?

① 커피 케이크(Cake)의 고른 밀도를 유지하여 물이 균일하게 통과하기 위해

② 물과 접촉 면적을 확대하기 위하여

③ 두꺼운 크레마를 형성할 목적으로

④ 필터에 커피를 충분히 채우는 것이 중요하므로

바리스타 실전 예상문제 2

105 에스프레소의 추출에서 적갈색 크레마가 나타나기 위한 필수 요건이 아닌 것은?

① 정확한 수평 　　　　② 정확한 커피양
③ 강한 탬핑 　　　　　④ 정확한 분쇄도

106 갓 로스팅된 커피에 함유된 가스 성분으로 인해 일어나는 현상을 옳게 설명한 것은?

① 산소를 생성한다. 　　② 음이온을 방출한다.
③ 질소를 생성한다. 　　④ 향기 성분을 방출한다.

107 커피를 추출하기 위해 분쇄작업을 하는 이유로 옳은 것은?

① 짧은 시간에 효율적인 서비스 제공
② 물에 접촉하는 커피의 표면적 확대
③ 커피 원가의 절감 목적
④ 커피의 화학적 성분의 분쇄

108 에스프레소 크레마에 대한 설명이다. 틀린 것은?

① 크레마는 에스프레소의 품질을 시각적으로 판단할 수 있는 기준이 된다.
② 크레마는 에스프레소 추출하는 데 있어서 가장 중요한 요소이다.
③ 영어로 프리마라는 뜻이다.
④ 크레마는 처음 추출될 때는 짙은 갈색이다.

정답 ▶ 101. ③　102. ①　103. ②　104. ①　105. ③　106. ④　107. ②　108. ③

바리스타 실전 예상문제 2

109 에스프레소 머신의 일일 점검 사항이 아닌 것은?

① 보일러 압력
② 물의 온도 체크
③ 개스킷의 마모 상태
④ 분사홀더의 세척 상태

110 에스프레소 추출 시 너무 진한 크레마가 추출되었다. 원인이 될 수 없는 것은?

① 펌프 압력 기준압력보다 낮은 경우
② 물의 온도가 95도 높은 경우
③ 포터 필터의 구멍이 너무 큰 경우
④ 물 공급이 제대로 안 되는 경우

111 우리가 알고 있는 커피의 유통기한에 속하지 않는 것은?

① 생산 ~ 건조　　　② 로스팅 ~ 출고
③ 출고 ~ 소비자　　　④ 구매자 ~ 사용기간

112 커피의 유통과정 중 선진국일수록 그 기간이 짧은 것은?

① 생산 ~ 건조　　　② 로스팅 ~ 출고
③ 출고 ~ 소비자　　　④ 구매자 ~ 사용기간

113 우리나라의 커피 유통기간에 관한 설명이다. 바르지 못한 것은?

① 커피의 유통기간을 제조자가 정한다.
② 1년이나 2년으로 표기하는 경우가 많다.
③ 제조 일자에 대한 엄격한 기준 시점이 적용되고 있다.
④ 일반적으로 포장이 완료된 시점을 제조 일자로 하고 있다.

바리스타 실전 예상문제 2

114 다음 중 커피는 어디에 속하는 음료인가?

① 기호 음료 　　　　　② 영양음료

③ 청량음료 　　　　　④ 유성 음료

115 생두의 가운데골처럼 파인 부분을 무엇이라 하나?

① 과육(Pulp) 　　　　② 외피(Outer skin)

③ 파치먼트(Parchment) 　④ 센터 컷(Center cut)

116 커피를 로스팅하는 이유로 타당하지 않은 것은?

① 커피의 맛과 향을 얻기 위하여

② 오래 보관하기 위하여

③ 커피 추출을 쉽게 하기 위해서

④ 커피의 독특한 색을 얻기 위해서

117 커피를 볶을 때 기본적인 세 가지 단계에 속하지 않는 것은?

① 건조(Dry) 　　　　② 열분해(Pyrolysis)

③ 냉각(Cooling) 　　　④ 포장(Packing)

정답　109. ③　110. ③　111. ①　112. ③　113. ③　114. ①　115. ④　116. ②　117. ④

바리스타 실전 예상문제 2

118 로스팅의 8단계 분류 중 프렌치로스트(French roast)에 해당하는 SCAA 구분 명칭은?

① Medium roast　　　　② Moderately dark roast

③ Dark roast　　　　　④ Very dark roast

119 지하수를 에스프레소 기계에 직접 연결해 사용하려고 한다. 이때 다음 중 기계에 치명적인 무기질은?

① 철　　　　　　　　② 칼슘

③ 인　　　　　　　　④ 납

정답 118. ③　119. ②

카페 바리스타 실기

07

모의고사

모의평가 문제1

01 01. SCAA에서 사용하고 있는 생두 등급 분류 기준이 아닌 것은?

① Cup Quality   ② 결점생두의 수

③ 생두의 크기   ④ 생두의 무게

02 02. 커피나무의 생육 조건이다. 틀린 것은?

① 배수가 잘되고 미네랄이 적당히 함유된 토양이 적당하다.

② 아라비카보다 로부스타종이 기후 환경 적응력이 좋다.

③ Typica종은 저지대에서도 높은 생산성을 유지할 수 있다.

④ 서리와 강한 햇빛 차단을 위해 Shade Tree(바나나 나무)를 심어 생산
성에 도움을 준다.

03 [Brazil Santos No. 2, screen 19, strictly soft]에서 screen 19의 의미는?

① 결점두의 혼입량   ② 커피콩의 형태

③ 투명도의 정도   ④ 커피콩의 크기

04 다음 설명 중 옳은 것은?

① Aged Bean으로 유명한 것으로 인도의 Monsooned Malabar AA가
있다.

② Long - Berry는 기형 생두의 일종이며 열매 속에 생두가 한 개밖에
없다.

③ Pea - Berry는 그해 생산된 생두를 지칭한다.

④ Past Crop은 수확한지 3년 이상 된 생두를 말한다.

모의평가 문제1

05 **로부스타 품종의 특징이 아닌 것은?**

① Coffea Robusta Linden이라는 학명을 가지고 있다.

② 나무의 높이가 10m 이상으로 아라비카종과 리베리카종의 중간 성질을 가지고 있다.

③ 세계 각지에 70여 종의 재배 변이종이 분포되어 있다.

④ 병충해에 강하며, 인도네시아 등에 넓게 재배되고 있다.

06 **식물학적으로 본 커피에 관한 일반적인 내용이다. 바르게 설명한 것은?**

① 커피나무는 꼭두서니과에 속하는 상록수로, 남아메리카 브라질이 원산지이다.

② 커피열매는 길이 15~18mm의 타원형으로 파치먼트라고 불린다.

③ 아라비카종은 평균 3%, 로부스타종은 약 1%의 카페인을 함유하고 있다.

④ 아라비카종의 경우 연평균 강우량 1,500~2,000mm의 규칙적인 비와 충분한 햇볕을 받아야 한다.

07 **수세식 공정 순서가 바른 것은?**

① 수확 - 선별 - 세척(이물질 분리) - 과육제거 - 파치먼트 선별 - 발효조-수세 - 건조 - 창고

② 수확 - 선별 - 과육제거 - 수조 - 파치먼트 선별 - 발효조-수세 - 건조 - 창고

③ 수확 - 선별 - 과육제거 - 수조 - 발효조 - 파치먼트 선별 - 수세 - 건조 - 창고

④ 수확 - 선별 - 세척(이물질분리) - 과육제거 - 발효조 - 수세 - 건조 - 파치먼트 선별 - 창고

모의평가 문제1

08 커피 생산국과 그에 대한 설명으로 옳은 것은?

① 콜롬비아 - 코나커피로 유명하며, 산토스 항구에서 선적이 이루어져 일명 '산토스'라고도 부른다.

② 브라질 - Cafatero들에 의해 커피가 생산되며, 웰렌포드, 마비스 뱅크 라는 농장을 가지고 있다.

③ 과테말라 - 화산재 토양으로 인해 독특한 향미를 가진 커피가 생산 된다.

④ 케냐 - 유명한 커피로는 가요 마운틴, 술라웨시 토라자가 있다.

09 여러 가지 추출 방법에 대한 설명으로 틀린 것은?

① 프렌치 프레스 - 저온으로 커피를 추출하는 방식으로 카페인이 용해 되기 어렵다.

② 사이폰 - 진공 여과방식으로 추출방법 중 가장 이상적인 향미 성분을 추출하는 방법이다.

③ 모카포트 - 이탈리아 대부분의 가정에서 이용되며 수증기압을 이용 해서 추출한다.

④ 핸드 드립 - 드리퍼와 종이필터를 사용하는 추출기구

10 SCAA분류법 중 Specialty Grade의 등급기준에 해당하는 것은?

① 300g 안에 10개 이내의 Full-defects가 있으나 Primary-Defects는 허 용되지 않다.

② 생두의 크기의 50% 이상이 15스크린 이상이어야 한다.

③ 생두의 허용 함수율은 9~13% 이내이다.

④ Body, Flavor, Aroma, Acidity의 네가지의 특징 중 4가지 다 가지고 있어야 한다.

모의평가 문제1

11 다음 연결 중 틀린 것은?

① Romano - lemon ② Shakerrato - shaking
③ Freddo - hot ④ Lungo - long

12 에스프레소 머신의 커피 추출 압력을 만드는 부품은?

① 보일러 ② 급수펌프
③ 분사필터 ④ 압력 게이지

13 일반적으로 휘핑기에 사용되는 가스는?

① 탄소 ② 산소
③ 질소 ④ 수소

14 다음은 커피 장비의 관리 지침이다. 매일 해야 하는 일은?

① 보일러의 압력, 추출압력, 물의 온도 체크
② 그라인더 칼날의 마모 상태
③ 연수기의 필터 교환
④ 그룹 헤드의 개스킷 교환

15 Take-out 형 커피점에서 사용되는 컵 사이즈 중 틀린 것은?

① Short - 8oz ② Tall - 12oz
③ Grande - 16oz ④ Supremo - 24oz

16 Take-out 형 커피점에서 사용되는 주문 용어 중 틀린 것은?

① Single - 에스프레소 원샷 ② Foamy - 거품 많이
③ With Flavor - 시럽없이 ④ Decaf - 카페인 없는 커피

모의평가 문제1

17 우리의 감각 중 커피 향미의 관능 평가에 쓰이지 않는 감각은?

① 청각   ② 후각

③ 미각   ④ 촉각

18 커피의 향미를 평가하는 순서로 가장 적당한 것은?

① 향기, 맛, 촉감   ② 색깔, 촉감, 맛

③ 촉감, 맛, 향기   ④ 맛, 향기, 촉감

19 커피의 향기와 맛을 표현하는 용어 중에 '플레이버(flavor)'라는 단어는 우리말로 향미라고 번역할 수 있다. 이 단어가 표현하는 느낌은?

① 커피의 향기와 맛

② 커피의 향기

③ 커피의 바디

④ 커피의 맛

20 커피의 향미를 관능적으로 평가할 때 사용되지 않는 감각은?

① 시각   ② 후각

③ 미각   ④ 촉각

21 머신을 이용하여 Steaming Milk를 만드는 방법이다. 틀린 것은?

① 스팀 노즐을 깊게 담가 공기의 유입을 최소화한다.

② 차가운 우유를 사용하는 것이 좋다.

③ 거품이 형성되면 노즐을 피처 벽 쪽으로 이동시켜 혼합한다.

④ 우유의 온도가 너무 올라가지 않도록 주의한다.

모의평가 문제1

22 **바리스타의 식음료 취급사항이다. 틀린 것은?**

① 차가운 음료와 음식은 4℃ 또는 더 낮게 보관한다.
② 뜨거운 음료와 음식은 위생을 위해 최대한 뜨겁게 유지한다.
③ 일을 시작하기 전 손을 청결히 한다.
④ 작업공간에는 깨끗한 물수건이 준비되어야 한다.

23 **바리스타가 지켜야 할 사항이다. 관계없는 것은?**

① 에스프레소 추출 후 크레마를 확인하라.
② 필터홀더의 온도 유지에 주의하라.
③ 커피는 항상 신선한 것을 사용하라.
④ 추출 공식은 반드시 지켜라.

24 **커피의 전체적 향기를 일컫는 부케(Bouquet)를 구성하는 것이 아닌 것은?**

① Fragrance ② Aroma
③ Aftertaste ④ Body

25 **추출에 대한 설명 중 틀린 것은?**

① 케이크(분쇄커피 입자의 집합체)를 통한 액체의 흐름이다.
② 추출은 비가용성 물질의 유화 현상이다.
③ 추출에 중력은 관여하지 않다.
④ 추출은 커피의 가용성 물질 용출 현상이다.

26 **그라인더의 칼날 중 Flat cutter의 경우 분쇄 커피의 배출에 관여하는 힘은?**

① 중력 ② 구심력
③ 밀착력 ④ 원심력

모의평가 문제1

27 에스프레소용 커피의 추출에 관여하는 수학적 인자에 관한 것 중 틀린 것은?

① 커피케익 내부의 온도
② 수리학적 저항치
③ 커피케익 표면과 내부의 압력 차
④ 커피케익의 부피

28 일반적으로 출하되는 생두의 수분함량은?

① 8~9%   ② 11~13%
③ 16~18%   ④ 5~6%

29 Tamping을 하는 방법이다. 틀린 것은?

① Tamping 전의 홀더 내의 커피가 수평이 되도록 하는 작업이다.
② 빠른 시간에 이루어질수록 좋다.
③ 홀더 내의 커피가 치우치지 않도록 주의한다.
④ 에스프레소의 추출을 위해서는 반드시 Tamping이 필요하다.

30 에스프레소 머신의 일일 점검 사항이 아닌 것은?

① 보일러 압력   ② 물의 온도 체크
③ 개스킷의 마모 상태   ④ 분사홀더의 세척 상태

31 커피 생콩이 가지고 있는 향기는 커피의 품종과 산지의 지역적 특성에 따라 나타나는 그 커피만의 고유 향기라고 할 수 있다. 다음에 예시하는 향기 성분들 가운데 휘발성이 가장 강한 향기는?

① 감귤 향기   ② 딸기 향기
③ 꽃향기   ④ 허브 향기

모의평가 문제1

32 볶은 커피의 다음 성분들 가운데, 커피를 마신 다음 혀에 남아 있는 커피의 잔류 성분들과 이들로부터 생긴 증기로부터 느낄 수 있는 향미를 만들어 내는 요소는?

① 지방질 같은 비용해성 액체와 수용성 고체 물질
② 케톤이나 알데하이드 계통의 휘발성 성분
③ 비휘발성 액체 상태의 유기 성분
④ 커피 추출 후에도 분쇄 커피의 모양을 유지하는 성분인 불용성 경질 부분

33 볶은 커피콩에서 느낄 수 있는 향기는 생콩에 있던 향기와, 주로 중약배전의 커피에서 만나게 되는 당의 갈변 반응에 의해서 생성되는 향기, 강배전으로 진행되면서 나타나는 건열반응에 의해서 생성되는 향기로 분류할 수 있다. 다음 향기들 가운데 생콩에는 없던 향기는?

① 캐러멜 향기   ② 꽃향기
③ 딸기 향기   ④ 허브 향기

34 다음 중 커피의 쓴맛을 내는 성분이 아닌 것은?

① 주석산   ② 카페인
③ 트리고넬린   ④ 클로로겐산

35 볶은 커피콩에서 느낄 수 있는 향기는 생콩에 있던 향기와, 주로 중약배전의 커피에서 만나게 되는 당의 갈변 반응에 의해서 생성되는 향기, 강배전으로 진행되면서 나타나는 건열반응에 의해서 생성되는 향기로 분류할 수 있다. 다음 향기들 가운데 중간 정도의 배전(중약, 중간, 중강배전까지를 포함) 시, 즉 갈변반응 시에 주로 나타나는 향기가 아닌 것은?

① 탄 냄새(Carbony)   ② 고소한 향기(Nutty)
③ 캐러멜 향기(Caramelly)   ④ 초콜릿 향기(Chocolaty)

모의평가 문제1

36 볶은 커피콩에서 느낄 수 있는 향기는 생콩에 있던 향기와, 주로 중약배전의 커피에서 만나게 되는 당의 갈변 반응에 의해서 생성되는 향기, 강배전으로 진행되면서 나타나는 건열반응에 의해서 생성되는 향기로 분류할 수 있다. 다음 향기들 가운데 강한 배전 시, 즉 건열반응 시에 주로 나타나는 향기가 아닌 것은?

① 캐러멜 향기(Caramelly)

② 송진향기(Terpeny)

③ 향신료 향기(Spicy)

④ 탄 냄새(Carbony)

37 커피의 삼대 품종이 아닌 것은?

① 브라질　　　　　　　② 아라비카

③ 로부스타　　　　　　④ 리베리카

38 다음 커피의 등급에 관한 단어 중, 커피의 생산지 정보와 관계가 없는 것은?

① 콩의 크기　　　　　　② 품종

③ 가공 방법　　　　　　④ 생산 연도

39 다음 커피의 등급에 관한 단어 중, 커피의 품질 정보와 관계가 없는 것은?

① 색도　　　　　　　　② 향미

③ 결점도　　　　　　　④ 품종

40 다음 커피의 향미 특성을 표시하는 단어 중, 가장 우수한 커피를 나타내는 단어는?

① Very Good　　　　　② Good

③ Satisfactory　　　　④ Sufficient

모의평가 문제1

41 에스프레소용 커피의 크기에 대한 설명이다. 틀린 것은?

① 흐린 날은 기준보다 조금 굵게 맑은 날은 기준보다 조금 가늘게 갈아 준다.
② 밀가루보다 굵게 설탕보다 가늘게 분쇄하는 것이 일반적 기준이다.
③ 분쇄커피의 굵기는 추출 시간과 밀접한 관계가 있다.
④ 일반적으로 그라인더의 숫자는 높을수록 커진다.

42 다음(　　　　) 안에 들어갈 내용으로 알맞은 것은?

　　　에스프레소, 머신의 경우 일반적으로 압력 조절기의 나사를 (　　　　　)으로 돌리면 압력이 낮아지고, (　　　　　)으로 돌리면 높아진다.

① 왼쪽, 오른쪽　　　　　　　② 왼쪽, 왼쪽
③ 오른쪽, 오른쪽　　　　　　④ 오른쪽, 왼쪽

43 탬핑을 하는 가장 큰 요인은?

① 필터에 커피를 잘 채우기 위해
② 물 통과를 위한 균일한 커피 표면 유지를 위해
③ 두꺼운 크레마를 얻기 위해
④ 물과의 접촉 면적을 늘리기 위하여

44 바리스타가 추출 기구를 항상 청결하게 유지해야 할 이유가 아닌 것은?

① 고객에 대한 최소한의 배려
② 보건 위생학적 이유
③ 정확한 그라인딩과 추출을 위해
④ 법적인 이유로

모의평가 문제1

45 다음의 계량 단위가 틀린 것은?

① 1oz(ounce) - 29.5ml　　② 1lb - 16oz

③ 1ts(티스푼) - 1/5oz　　④ 1cc - 1ml

46 식음료 취급사항 중 알맞은 것은?

① 모든 뜨거운 음료는 60℃ 정도에서 보관한다.

② 유제품은 냉장 보관(0~10℃)하고 제조일부터 5일 이내에 사용한다.

③ 차가운 음료의 이상적인 온도는 4~7℃에서 보관한다.

④ 냉동고의 온도는 될수록 낮게 하여 보관한다.

47 다음 중 콜롬비아산 생두에 속하지 않는 것은?

① 슈프리모　　② 엑셀소

③ 블루마운틴　　④ 메델린

48 세계 최고의 습식 커피 생산국은?

① 콜롬비아　　② 브라질

③ 자메이카　　④ 인도네시아

49 다음 중 모카종 커피가 아닌 것은?

① 이르가세페　　② 하라

③ 엑셀소　　④ 시다모

50 에스프레소에 크림을 첨가한 이탈리아 커피는 무엇인가?

① Caffe correto　　② Caffe con panna

③ Caffellatte　　④ Caffe ristretto

모의평가 문제1

51 후미(Aftertaste)를 표현할 수 있는 용어가 아닌 것은?

① Carbony ② Chocolaty

③ Spicy ④ Herby

52 다음 중 에티오피아산 생두에 속하지 않는 것은?

① 시다모 ② 이르가체프

③ 사나니 ④ 하라르

53 디카페인 커피 제조에 사용되는 방법이 아닌 것은?

① 가스 주입법 ② 물 추출법

③ 초임계 추출법 ④ 용매추출법

54 다음 중 커피의 등급을 분류하는 기준 중 재배지역의 표고에 의한 분류법이 아닌 것은?

① SHB ② EGW

③ AA ④ PW

55 다음 중 성격이 다른 것은?

① Ristretto ② Caffe latte

③ Lungo ④ Doppio

56 로부스타 커피(Coffea Canephora)의 원산지로 알려진 나라는?

① 콩고 ② 탄자니아

③ 에티오피아 ④ 예멘

모의평가 문제1

57 에스프레소 머신의 증기 압력을 만드는 부품은?

① 급수펌프   ② 보일러

③ 분사 필터   ④ 압력 게이지

58 에스프레소 추출에 대한 동작이다. 틀린 것은?

① 최대한 빠른 시간에 추출을 완료한다.

② 컵은 항상 데워진 상태로 사용한다.

③ 포터 필터 장착 후 반드시 컵을 내리고 추출 버튼을 누른다.

④ 포터 필터 장착 전 물 흘리기를 반드시 해야되는 것은 아니다.

59 다음은 커피 장비의 관리 지침이다. 월간 확인 사항은?

① 필터 및 개스킷의 마모 상태

② 보일러의 압력

③ 물의 온도 체크

④ 분사홀더 및 필터의 청소

60 다음 중 배전 과정에서 가장 변화가 적은 것은?

① 수분   ② 당분

③ 부피   ④ 카페인

모의평가 문제1

정답

01. ④	11. ③	21. ①	31. ③	41. ①	51. ④
02. ③	12. ①	22. ②	32. ①	42. ①	52. ③
03. ④	13. ③	23. ④	33. ①	43. ②	53. ①
04. ①	14. ①	24. ④	34. ①	44. ④	54. ③
05. ③	15. ④	25. ②	35. ①	45. ③	55. ②
06. ④	16. ③	26. ④	36. ①	46. ③	56. ①
07. ④	17. ①	27. ④	37. ①	47. ③	57. ②
08. ③	18. ①	28. ②	38. ①	48. ①	58. ③
09. ①	19. ①	29. ④	39. ④	49. ③	59. ①
10. ③	20. ①	30. ③	40. ①	50. ②	60. ④

모의평가 문제2

01 카페라테와 카푸치노는 어떻게 다른가, 아래 예문 중 잘못된 것은?

① 카페라테는 커피와 데운 우유로 만든 음료이고, 카푸치노는 데운 우유와 거품우유를 함께 올린 음료이다.

② 카페라테에도 거품을 올리기도 하는데, 이때 거품은 전체의 1/4을 넘지 않도록 한다.

③ 더블라떼라고 하는 것은 우유의 양은 그대로 하되, 투 샷의 커피를 사용해서 만든 음료이다.

④ 카푸치노에는 반드시 계핏가루를 올려야 된다.

02 커피 카페인이 인체에 미치는 영향 중 잘못된 것은?

① 불면증을 치료한다.　　　　② 소화력을 돕는다.

③ 이뇨 작용을 한다.　　　　④ 지구력을 증강한다.

03 다음 중 홀빈(Whole Bean)에 해당하는 것은?

① 커피나무의 열매　　　　② 씨앗을 박피한 것

③ 생두를 볶은 것　　　　④ 원두를 분쇄한 것

04 세계적으로 커피존(Coffee Zone) 혹은 커피벨트(Coffee Belt)라고 부르는 지역은?

① 남위 30°~ 북위 30°　　　　② 남위 25°~ 북위 25°

③ 남위 20°~ 북위 25°　　　　④ 남위 25°~ 북위 20°

05 에스프레소 커피(Espresso Coffee)를 추출하기 위한 알맞은 물의 온도는?

① 99℃~100℃　　　　② 96℃~98℃

③ 92℃~96℃　　　　④ 88℃~92℃

모의평가 문제2

06 **프렌치 로스팅(French Roasting)의 특징 중 잘못된 것은?**

① 베리에이션 에스프레소 커피음료에 적합
② 전통적인 에스프레소용 커피
③ 쓴맛이 강조된 단맛의 조화
④ 신맛이 강하고 풍부한 맛이 별로 없음

07 **모카(Mocha)가 가지고 있는 의미가 아닌 것은?**

① 예멘(Yemen)의 홍해 남단에 있는 무역항이다.
② 예멘과 에티오피아의 최상급 커피를 '모카(Mocha)'라고 부른다.
③ 초콜릿을 모카(Mocha)라고 불렀다.
④ 모카는 아프리카에서 생산되는 커피이다.

08 **다음 중 커피 생산 국가가 아닌 나라는?**

① 멕시코   ② 에콰도르
③ 중국   ④ 일본

09 **다음 중 로부스타(Robusta) 커피의 설명 중 잘못된 것은?**

① 천연 상태에서 로부스타는 10M 높이까지 자랄 수 있다.
② 로부스타의 열매는 주로 열등한 품질의 커피로 취급된다.
③ 카페인이 많이 들어 있어서 대부분 하급 원두나 인스턴트 커피로 제조된다.
④ 주로 케냐에서 많이 재배된다.

10 **다음 중 쓴맛이 가장 강한 배전도는?**

① 이탈리안(Italian)   ② 시나몬(Cinnamon)
③ 시티(City   ④ 하이(High)

모의평가 문제2

11 볶은 커피에서 느낄 수 있는 향기는 휘발성 유기화합물들의 휘발성의 차이에
따라 아래의 네 가지로 분류할 수 있다. 이 중에서 가장 뒤에 느껴지는 특성은?

① 뒷맛 aftertaste

② 기체 향기 dry aroma(볶은 커피 향기)

③ 증기 향기 cup aroma(추출 커피 향기)

④ 입속 향기 nose(마시면서 느끼는 향기)

12 볶은 커피에서 느낄 수 있는 향기는 휘발성 유기화합물들의 휘발성의 차이에
따라 아래의 네 가지로 분류할 수 있다. 이 중에서 가장 먼저 느껴지는 특성은?

① 증기 향기 - cup aroma(추출 커피 향기)

② 뒷맛 - aftertaste

③ 기체 향기 - dry aroma(볶은 커피 향기)

④ 입속 향기 - nose(마시면서 느끼는 향기)

13 볶은 커피에서 느낄 수 있는 향기는 휘발성 유기화합물들의 휘발성의 차이에
따라 아래의 네 가지로 분류할 수 있다. 이 중에서 마시기 직전의 커피(잔 커피)
로부터 느낄 수 있는 특성은?

① 증기 향기 - cup aroma(추출 커피 향기)

② 기체 향기 - dry aroma(볶은 커피 향기)

③ 뒷맛 - aftertaste

④ 입속 향기 - nose(마시면서 느끼는 향기)

14 다음 중 커피의 기본 맛이 아닌 것은?

① 쓴맛　　　　　　② 단맛

③ 신맛　　　　　　④ 떫은맛

모의평가 문제2

15 바디(body)라는 말은 입 안에서 무엇인가 스치는 듯 느껴지는 촉감을 말하며, 섬유질과 지방질 등 불용성 성분들이 바디를 형성하는 중요한 원인물질들이라 할 수 있다. 아래 단어들 가운데 바디의 의미를 표현하기에 적절치 못한 말은?

① 양질감   ② 점도

③ 중후함   ④ 풍성함

16 커피 생콩에는 탄수화물을 비롯하여 단백질, 지방, 카페인 외에 각종 산성 성분이 포함되어 있다. 이들 성분 가운데 가장 큰 비중을 차지하는 성분은?

① 탄수화물   ② 지방

③ 단백질   ④ 카페인

17 커피 생콩에는 탄수화물을 비롯하여 단백질, 지방, 카페인 외에 각종 산성 성분이 포함되어 있다가, 이를 볶으면 가공 정도나 가공 방식에 따라 나름의 다양한 맛과 향기를 낸다. 이들 가운데 볶는 정도에 따라 강하게 볶을수록 비중이 커지는 성분은?

① 카페인   ② 탄수화물

③ 지방   ④ 단백질

18 볶은 커피의 다음 성분들 가운데 커피의 맛과 향기에 영향을 미치지 않는 성분은?

① 커피 추출 후에도 분쇄 커피의 모양을 유지하는 성분인 불용성 경질 부분

② 비휘발성 액체 상태의 유기 성분

③ 지방질 같은 비용해성 액체와 수용성 고체 물질

④ 케톤이나 알데하이드 계통의 휘발성 성분

모의평가 문제2

19 볶은 커피의 다음 성분들 가운데, 마시기 전 커피의 향기를 느끼게 하는 성분은?

① 케톤이나 알데하이드 계통의 휘발성 성분

② 비휘발성 액체 상태의 유기 성분

③ 지방질 같은 비용해성 액체와 수용성 고체 물질

④ 커피 추출 후에도 분쇄 커피의 모양을 유지하는 성분인 불용성 경질 부분

20 볶은 커피의 다음 성분들 가운데, 커피를 마시는 순간 커피 추출액의 표면에서 생긴 증기에 의해 입속에서 느껴지는 향기의 주된 성분은?

① 비휘발성 액체 상태의 유기 성분

② 케톤이나 알데하이드 계통의 휘발성 성분

③ 지방질 같은 비용해성 액체와 수용성 고체 물질

④ 커피 추출 후에도 분쇄 커피의 모양을 유지하는 성분인 불용성 경질 부분

21 영어로 fragrance는 향기라고 번역할 수 있는데, 이것은 아래에 예시한 향기의 분류 중 어느 종류에 속하는가?

① 볶은 콩 향기   ② 뽑은 콩 향기

③ 입속 커피 향   ④ 잔류 커피 향

22 다음 향기의 강도를 표현하는 영어 용어 중 맞는 것은?

① flat : 풍성하다. 풍부하고 강하다는 의미

② full : 풍부하다. 다양한 경우. 농도가 중요한 것은 아니다.

③ rich : 무난하다. 강하지도 다양하지도 않다.

④ rounded : 빈약하다, 약하다. 이도 저도 부족한 경우.

모의평가 문제2

23 다음 냄새에 대한 원칙이다. 틀린 것은?

① 냄새는 기체 상태로만 느낄 수 있다.

② 향기에 대한 판단은 일반적으로 경험이나 훈련에 의해 쌓인 기억에
의존한다.

③ 커피의 향기는 원인 요소에 따른 특징과 분자량에 따른 특징에 의한
이중 구조로 파악할 수 있다.

④ 분자량에 따른 특징은 일반적으로 분자값이 작을수록 날카롭고 거칠
게 느껴진다.

24 커피에 원래부터 있던 향기로, 효소에 의해서 형성된 향기 성분들은 휘발성이
매우 강하다. 이것은 다음 중 어떤 향기들인가?

① 꽃향기, 과일 향기 등

② 고소한 향기, 땅콩 향기 등

③ 캐러멜 향기, 초콜릿 향기 등

④ 송진 향기, 향신료 향기 등

25 다음 중 에스프레소를 추출할 때 패킹 과정 이전에 해야 할 동작이 아닌 것은?

① 잔 데우기　　　　　　　② 커피 분쇄

③ 필터 바스켓의 건조　　　④ 태핑

26 다음 중 패킹(packing)의 순서로 올바른 것은?

① 커피 담기 > 면 고르기(태핑) > 필터 바스켓 상부 털기 > 커피 고정(탬핑)

② 커피 담기 > 커피 고정(탬핑) > 필터 바스켓 상부 털기 > 면 고르기(태핑)

③ 커피 담기 > 면 고르기(태핑) > 커피 고정(탬핑) > 필터 바스켓 상부 털기

④ 커피 담기 > 필터 바스켓 상부 털기 > 커피 고정(탬핑) > 면 고르기(태핑)

모의평가 문제2

27 다음 중 에스프레소 평가 기준으로 옳은 것은?

① 적절한 커피의 양, 크레마의 두께와 지속성, 크레마의 색깔, 향기의 질과 강약, 맛의 균형감

② 적절한 커피의 양, 전체의 1/3 이상의 크레마, 크레마의 색깔, 향기의 질과 강약, 맛의 강렬함

③ 적절한 커피의 양, 전체의 1/3 이상의 크레마, 크레마의 색깔, 톡 쏘는 강한 향기, 맛의 균형감

④ 적절한 커피의 양, 크레마의 두께와 지속성, 크레마의 색깔, 향기의 질과 강약, 맛의 강렬함

28 다음 예문 가운데 가장 모범적인 에스프레소 추출의 모습은?

① 처음엔 천천히 똑똑 떨어지다가 나중엔 가늘고 고르게 나오면서 28초 만에 22ml가 추출되었다.

② 처음부터 끝까지 고른 두께로 가늘게 나오면서 25초 만에 25ml 정도 추출되었다.

③ 조금 굵은 줄기로 나오면서 8초 만에 추출이 끝났는데 거품이 1/2 이상으로 풍성하게 나왔다.

④ 처음부터 끝까지 고른 두께로 가늘게 나오면서 35초 만에 30ml 정도 추출되었다.

29 에스프레소의 추출 액량을 결정할 때 가장 중요하게 고려해야 할 요소는?

① 머신의 컨디션

② 커피잔의 크기

③ 커피의 상태

④ 메뉴의 성격

모의평가 문제2

30 다음 예문 가운데 가장 모범적으로 추출된 에스프레소의 모습은?

① 30㎖ 정도 되는 커피에 약간 붉은 빛이 도는 고운 황금색 크레마가 고르게 덮여 있으면서 크레마의 중앙에 하얀 무늬가 1/3 정도 나타나 있다.

② 25㎖ 정도 되는 커피에 은은한 붉은 빛이 도는 고운 황금색 크레마가 전체 추출액의 1/7 정도 덮여 있다.

③ 30㎖ 정도 되는 커피에 검은 테두리가 엷게 깔린 황금색 크레마가 전체 추출액의 1/7 정도 덮여 있다.

④ 25㎖ 정도 되는 커피에 바깥쪽으로는 검은 테두리가 얇게 둘러싸고 있고 안으로는 하얀 무늬가 크레마 표면의 1/3 정도를 덮고 있다.

31 다음 단어들 중에서 커피의 질을 종합적으로 평가하는 기준 단어가 아닌 것은?

① IOC ② UGQ

③ FAQ ④ SHB

32 커피를 수확한 후 건조 과정에서 환경이 나쁘면 생 커피의 효소가 당분을 식초산으로 분해하면서 나타나는 향미의 결함은?

① 발효 냄새 ② 흙냄새

③ 누린내 ④ 곰팡이 냄새

33 커피를 볶을 때 너무 빨리 볶으면 캐러멜 화합물이 충분히 생성되지 않으면서 커피콩의 표면이 부분적으로 타면서 나타나는 결함은?

① 기름 냄새(hidy) ② 강한 탄내(scorched)

③ 탄 냄새(tarry) ④ 나무 맛(woody)

모의평가 문제2

34 커피 추출액에서 소독내가 심하게 나는 맛의 결함으로, 커피 열매가 나무에 달린 채 건조가 진행되어 미생물과 효소가 커피 열매에 작용하여 생기는 향미의 결함은?(이런 결함은 브라질의 자연건조 아라비카 콩에서 주로 나타난다)

① 요오드 향(rioy)　　　　② 기름 냄새(hidy)
③ 풀냄새(grassy)　　　　④ 나무 맛(woody)

35 커피를 뽑을 때, 염소가 섞인 수돗물로 추출하였을 때 나타날 수 있는 향미의 결함은?

① 곰팡이 냄새　　　　② 흙냄새
③ 누린내　　　　　　④ 발효 냄새

36 추출한 커피를 오래 가열하면서 보관하면 커피콩의 단백질 성분이 변화하면서 나타나는 맛의 결함은?

① 탄 냄새(tarry)　　　　② 기름 냄새(hidy)
③ 강한 탄내(scorched)　　④ 나무 맛(woody)

37 커피를 뽑아서 잔에 담아 낼 때, 잔의 세척이 불완전하여 세제가 남아 있을 때 나타날수 있는 향미의 결함은?

① 비린내　　　　　　② 흙냄새
③ 누린내　　　　　　④ 곰팡이 냄새

38 커피 열매가 나무에 달린 채 건조되었을 때, 효소가 작용하여 나타날 수 있는 향미의 결함이라고 볼 수 있는 것은?

① 나무 맛(woody)　　　② 기름 냄새(hidy)
③ 풀냄새(grassy)　　　④ 고무 냄새(rubbery)

모의평가 문제2

39 장기 저장한 생 커피가 수년간의 숙성 과정을 거치면서 유기화합물이 소실되어 나타나는 맛의 결함은?

① 풀냄새(grassy)　　　　② 요오드 향(rioy)

③ 나무 맛(woody)　　　　④ 고무 냄새(rubbery)

40 커피를 볶을 때 너무 짧게 볶아서, 당과 탄소화합물이 정상적으로 생성되지 않았을 때 나타나는 맛의 결함은?

① 누린내(baked)　　　　② 풋내(green)

③ 강한 탄내(scorched)　　④ 고무 냄새(rubbery)

41 에스프레소 추출 시 너무 진한 크레마(Dark Crema)가 추출되었다. 해결책이 될 수 없는 것은?

① 보일러 압력을 내린다.

② 펌프 압력을 올린다.

③ 분사 필터를 청소하고 점검한다.

④ 탬핑을 강하게 한다.

42 추출 시간을 짧게 잡아서 만든 농축된 커피로서 가장 농후하게 나오는 피크시점 직후에서 추출을 끊어 만든 이탈리아식 커피는?

① 룽고　　　　　　　　② 에스프레소

③ 리스트레또　　　　　④ 도피오

43 배전의 단계 중 크림을 가미하여 마시는 유럽 스타일 커피에 어울리며 에스프레소 커피 용의 표준이 되는 배전 단계는?

① 미디엄 로스팅　　　　② 풀시티 로스팅

③ 프렌치 로스팅　　　　④ 이탈리안 로스팅

모의평가 문제2

44 한잔의 에스프레소를 기준으로 다음 중 틀린 것은?

① 분쇄된 커피의 양 : 6.5±1.5g

② 물의 온도 : 70℃±5℃

③ 추출 압력 : 9±1bar

④ 25±5second

45 커피 생두 생산국 중 가장 많은 물량을 생산하는 나라는?

① 브라질   ② 콜롬비아

③ 인도네시아   ④ 자메이카

46 다음 (   ) 안에 들어갈 내용으로 알맞은 것은?

> 커피콩의 등급 분류 중 specialty coffee라(NYBT)함은 생두
> (   )g 중 결점수 (   )이하인 커피를 말한다.

① 300, 5   ② 300, 86

③ 500, 5   ④ 500, 86

47 커피 생두의 평가 기준 중 틀린 것은?

① 결점수가 적은 커피가 좋은 커피이다.

② 커피콩의 크기는 클수록 좋다.

③ 외기 온도가 생두에 직접 전달되지 않도록 한 것이 좋다.

④ 배수가 잘되고 유기질이 적당한 토양에서 생산된 생두가 좋다.

모의평가 문제2

48 분쇄되는 커피의 품질을 결정하는 요소가 아닌 것은?

① 배전 등급
② 배전두의 수분 함유량
③ 분쇄기 칼날의 간격
④ 분쇄기의 회전수

49 커피를 추출하는 기구 중 원두를 가장 크게 분쇄하는 기구는?

① 에스프레소 머신
② 모카포트
③ 이브릭
④ 프렌치 프레스

50 추출에 대한 설명 중 틀린 것은?

① 케이크(분쇄커피 입자의 집합체)를 통한 액체의 흐름이다.
② 입자 간 액체 투과 현상도 일어난다.
③ 입자 간 내부 확산을 통한 용출이다.
④ 추출은 커피의 가용성 물질 용출 현상이다.

51 터키 사람들이 커피를 끓여 마시는 커피 도구를 무엇이라고 하는가?

① Kopel
② Fench Press
③ Ibrik
④ Siphon

52 에스프레소 추출 시 추출액 위에 덮이는 황금색 거품으로 커피의 아교질과 지방질 성분 때문에 나타나는 현상을 무엇이라고 하는가?

① 데미타스
② 크레마
③ 리스트레또
④ 라테아트

모의평가 문제2

53 커피 맛의 평가 기준 중 하나로 입안에서 느껴지는 커피 맛의 무게감과 농도에 대한 용어는?

① Flavor
② Acidity
③ After Taste
④ Body

54 카페인을 제거하는 디카페인 커피에 대한 설명 중 틀린 것은 ?

① 카페인을 제거하는 방식은 일반적으로 스위스 워, 압축 이산화탄소 방법을 사용한다.
② 가공하는 과정에서 약간의 커피 향 부분이 소실된다.
③ 스위스 워 방법으로 만들어진 커피에는 SWP로 표기한다.
④ 카페인 제거는 100% 이루어진다.

55 로스팅 후 일반적으로 커피를 가장 맛있게 즐길 수 있는 기간은?

① 로스팅 직후
② 로스팅 후 7일 정도
③ 로스팅 후 1개월 정도
④ 로스팅 후 3개월 정도

56 다음 커피 기구 중 진공여과 방식을 사용하는 추출기구는?

① 드립
② 모카포트
③ 사이폰
④ 커피메이커

57 우유 거품을 만드는 작업을 표현하는 용어는?

① 스티밍
② 스토퍼
③ 에칭
④ 베리에이션

모의평가 문제2

58 습식법은 열매를 물속에서 발효시켜 각질과 펄프를 제거한 후 다시 건조해서 껍질을 벗겨내는 과정이며, 이 과정을 통해 질이 좋은 '세척 커피'를 얻을 수 있는데 세계 최고의 습식 커피를 생산하는 국가는?

① 브라질   ② 케냐

③ 과테말라   ④ 콜롬비아

59 커피 전문점 운영 시 매출액과 그 매출을 위해 소요된 모든 비용이 일치되는 점으로서, 투입된 비용을 완전히 회수할 수 있는 판매량이 얼마인가를 나타내어 주는 것을 무엇이라고 하는가?

① 목표매출액   ② 고정비용

③ 변동비용   ④ 손익분기점

60 커피전문점 인테리어 계획 시 필요한 공간을 판단하여 공간별 규모를 측정하여 공간 배치를 하는 것을 무엇이라고 하는가?

① 인테리어   ② 조닝

③ 마감디자인   ④ 익스테리어

모의평가 문제2

정답
01. ④ 11. ① 21. ① 31. ① 41. ④ 51. ③
02. ① 12. ③ 22. ② 32. ① 42. ③ 52. ②
03. ③ 13. ① 23. ④ 33. ② 43. ③ 53. ④
04. ② 14. ④ 24. ① 34. ① 44. ② 54. ④
05. ③ 15. ② 25. ④ 35. ① 45. ① 55. ②
06. ④ 16. ① 26. ③ 36. ① 46. ① 56. ③
07. ④ 17. ① 27. ① 37. ① 47. ② 57. ①
08. ④ 18. ① 28. ② 38. ④ 48. ④ 58. ④
09. ④ 19. ① 29. ③ 39. ③ 49. ④ 59. ④
10. ① 20. ① 30. ② 40. ② 50. ③ 60. ②

모의평가 문제3

01 볶은 콩에서 가장 많이 발생하는 가스의 주성분은 무엇인가?

① 질소가스　　　　　　② 탄산가스
③ 산소　　　　　　　　④ 일산화탄소

02 다음 중 커피 등급(품질) 구분에서 혼입물(混入物)의 결점수가 가장 큰 것은?

① 흑 두　　　　　　　　② 사 두
③ 큰 돌　　　　　　　　④ 조개 두

03 생두를 배전할 때 생기는 일반적인 현상이 아닌 것은?

① 부피의 증가　　　　　② 수분의 감소
③ 중량의 감소　　　　　④ 향기의 감소

04 아래의 보기 중 쓴맛을 가지고 있는 것은?

① 사과산　　　　　　　② 주석산
③ 카페인　　　　　　　④ 구연산

05 볶은 콩의 보관 방법에서 산패하는 원인과 상관없는 것은?

① 온도　　　　　　　　② 기간
③ 산소　　　　　　　　④ 커피의 양

06 커피의 포장방법에서 가장 오래 동안 보관할 수 있는 포장법은?

① 진공 포장　　　　　　② 질소 가압 포장
③ 밸브 포장　　　　　　④ 지퍼 백

모의평가 문제3

07 커피 추출 방법 중 게츠배 보통 이브리크를 이용해서 먹는 나라는?

① 이라크　　　　　　　② 일본

③ 터키　　　　　　　　④ 베트남

08 수프레모라 불리는 커피의 생산 국가는?

① 멕시코　　　　　　　② 자메이카

③ 콜롬비아　　　　　　④ 하와이

09 커피 생콩(뉴크롭)의 일반 수분함량은?

① 6%　　　　　　　　② 8%

③ 10%　　　　　　　　④ 12%

10 아프리카계 커피 생산지가 아닌 곳은?

① 에티오피아　　　　　② 탄자니아

③ 케냐　　　　　　　　④ 자메이카

11 커피의 신선도를 저해하는 요인 중 가장 관계가 적은 것은?

① 산소　　　　　　　　② 햇빛

③ 불순물　　　　　　　④ 수분

12 아라비카 품종의 생육조건으로 부적합한 것은?

① 연평균 기온이 20℃ 정도이고, 연 강수량은 1,500~1,600mm 범위이다.

② 유기질이 풍부한 화산성 토양이 적당하다.

③ 동쪽이나 동남쪽 방향으로 약간의 경사가 있는 곳이 적당하다.

④ 저위도 지역이나, 고위도 지역이나 지표가 높을수록 최적지이다.

모의평가 문제3

13 Parchment(파치먼트)에 대한 올바른 설명은?

① 커피 과실에서 외피와 과육을 제거한 상태를 말한다.

② 커피 생콩에 점질물 성분이 남아 있는 상태를 말한다.

③ 발효 종료 후, 수세(水洗)하여 내과피(內果皮)가 남아 있는 상태를 말한다.

④ 건조까지 마치고 탈곡기에서 마쇄(磨碎)하여 얻어진 생콩의 상태를 말한다.

14 커피 생콩을 장기 저장하였을 경우 콩의 색, 풍미 및 지질의 산기가 변화되는 현상 중 틀린 설명은?

① 커피 생콩에 함유된 지질의 산기는 증가한다.

② 커피 생콩의 색은 황색 내지 갈색에서 녹청색으로 변화된다.

③ 커피 생콩의 산기의 변화는 lipase에 의한 지질의 가수분해 때문이다.

④ 커피 생콩의 색, 풍미 및 산기의 변화는 저장조건과 밀접하다.

15 커피의 쓴맛을 부여하는 알칼로이드 물질은?

① Theobromine(테오브로민)

② Naringenin(나린제린)

③ Caffeine(카페인)

④ Citric Acid(시트르산)

16 신선한 커피를 추출할 때 표면이 부풀어 오르거나 거품이 생기는 이유는 커피에 함유된 어떤 성분에 의한 것인가?

① 유기산   ② 탄산가스

③ 아미노산   ④ 당질

17 커피에 우유 크림을 첨가했을 때 액체 표면에 작은 형태의 털 조각이 떠다니는 듯한 응고 현상이 일어나는 것을 우모현상(feathering)이라고 한다. 이 현상을 일으키는 우유 중의 성분은?

① 무기질　　　　　　② 유당
③ 카제인　　　　　　④ 비타민

18 다음은 브라질에서 사용되고 있는 생두의 향미 평가 등급이다. 이 중에서 가장 우수한 향미를 나타내는 등급은?

① rio　　　　　　② hard
③ strictly soft　　　　　　④ soft

19 다음 설명에 해당되는 커피 생산지는 어느 국가인가?

"에티오피아와 국경을 접하고 있으며, 커피콩의 품질 관리가 뛰어나서 고급 아라비카 커피를 수출한다. 커피콩이 크고, 아름다운 청록색이며, 물 세척법으로 가공한다.
신맛이 강하고 향기가 풍부하며 과실 향과 꽃향기가 난다. 품질 등급은 AA, AB, C로나뉜다. 영화 '아웃 오브 아프리카'의 무대이기도 하다."

① 케냐　　　　　　② 예멘
③ 탄자니아　　　　　　④ 콜롬비아

모의평가 문제3

20 로스팅에 대한 설명 중 틀린 것은?

① 로스팅은 생두를 선택하여 볶는 일련의 과정을 지칭하는 말로서 볶는 방식에 따라 직화식, 반열풍식, 열풍식으로 크게 나눌 수 있다.

② 로스팅을 마친 후 즉시 공기나 물을 이용해 가능한 한 빨리 냉각시켜 주어야 한다.

③ 로스팅 과정 중 생두표면에 묻 묻어 있던 은피는 열분해가 일어나면서 분리된다.

④ 로스팅 과정 중 생두는 화학적인 반응을 일으키는데 로스팅 초기에는 발열반응이 나타나며 점차 로스팅이 진행되면서 흡열반응이 순차적으로 진행된다.

21 일반적인 에스프레소 머신에서, 중강배전(풀씨티로스트)의 커피를 대상으로 설정하는 물의 온도가 섭씨 92도라면, 다음 예문 중에서 추출물 온도의 적절한 조절 원칙은?

① 중강배전보다 약하게 볶아진 커피라면 일반적으로는 온도를 약간 높게 설정해 주는 것이 좋다.

② 중강배전보다 약하게 볶아진 커피라면 일반적으로는 온도도 약간 낮게 설정해 주는 것이 좋다.

③ 중강배전보다 강하게 볶아진 커피라면 일반적으로는 온도도 약간 높게 설정해 주는 것이 좋다.

④ 에스프레소 추출은 배전도에 상관없이 일정한 온도로 설정해야 한다.

22 에스프레소 추출에서 추출 시간이 길어지면 맛은 어떻게 변화되는가?

① 쓴맛이 강해진다.　　② 단맛이 강해진다.

③ 짠맛이 강해진다.　　④ 바디가 풍부해진다.

23 에스프레소 머신 가운데 전추출(pre-infusion) 기능이 있는 경우와 없는 경우 추출액의 맛은 어떻게 차이가 나는가?

① 보통은 별 차이가 없다.

② 일반적으로 초기 추출액에서 맛의 차이가 크다.

③ 커피의 상태나 추출량에 상관없이 이러한 기능을 적용하는 것이 강렬한 맛을 낸다.

④ 전추출 기능이 있는 경우의 추출액은 약간 묽게 나오기는 하지만 부드러운 맛을 가진다.

24 에스프레소를 추출하였을 때 잔 속에 지나치게 가루가 많이 나왔다. 그 원인으로 가장 적합한 것은?

① 탬핑이 너무 강한 경우

② 태핑이 과도한 경우

③ 사용한 분쇄커피가 오래된 경우

④ 분쇄 입자가 너무 굵은 경우

25 에스프레소 필터 바스켓의 깊이와 추출에 관한 다음 설명 중 옳은 것은?

① 필터 바스켓의 깊이는 맛에 영향을 미치지 않다.

② 필터 바스켓은 깊이가 깊을수록 정확한 작업도 쉽고 사용하는 커피의 양에 적절한 좋은 맛을 내기도 쉽다.

③ 필터 바스켓은 깊이가 깊을수록 정확한 작업은 쉽지만 사용하는 커피의 양과 비례하여 좋은 맛을 내기는 어렵다.

④ 필터 바스켓의 깊이가 깊으면 정확한 작업도 어렵지만 사용하는 커피의 양과 비례하여 좋은 맛을 내기도 어렵다.

모의평가 문제3

26 에스프레소 커피의 추출 시간과 가장 밀접한 관계에 있는 조건은?

① 분쇄도　　　　　　　　② 추출 온도

③ 커피의 볶음도　　　　　④ 태핑 강도

27 에스프레소 머신의 필터 바스켓의 바닥 면적에 관한 다음 설명 중 옳은 것은?

① 필터 바스켓의 면적은 맛에 영향을 미치지 않다.

② 필터 바스켓은 면적이 넓을수록 정확한 작업도 쉽고 좋은 맛을 내기도 쉽다.

③ 필터 바스켓은 면적이 좁을수록 정확한 작업도 쉽고 좋은 맛을 내기도 쉽다.

④ 필터 바스켓은 면적이 넓을수록 정확한 작업은 어렵지만 좋은 맛을 내기는 쉽다.

28 다음 중 가장 많은 양의 커피가 추출되는 메뉴는?

① 리스트레또　　　　　　② 에스프레소 솔로

③ 도피오　　　　　　　　④ 에스프레소 룽고

29 다음 중 분류 기준이 다른 세 가지와 다른 것은?

① 피베리　　　　　　　　② 뉴 크롭

③ 패스트 크롭　　　　　　④ 올드 크롭

30 커피를 볶을 때 기본적인 세 가지 단계에 속하지 않는 것은?

① 건조　　　　　　　　　② 열분해

③ 냉각　　　　　　　　　④ 포장

모의평가 문제3

31 일반적인 커피에 관련된 내용들이다. 설명이 부적합한 것은?

① 로스팅이란 생두에 열을 가하여 물리·화학적 변화를 통해 향미 요소를 발현시키는 과정이다.

② 추출이란 물을 이용하여 분쇄된 원두에서 여러 향미 성분을 뽑아내는 과정이다.

③ 커핑이란 커피에 대한 관능검사를 의미한다.

④ 좋은 맛의 커피를 만들기 위해선 배전의 단계는 그다지 중요하지 않다.

32 케냐, 탄자니아 등지에서 자주 발견되는 것으로 한 열매에 가공될 수 있는 씨앗이 단 하나씩만 발견되어 일종 기형 생두라 불리는 것은?

① Flat-bean   ② Pea-berry

③ Long-berry   ④ Dried-cherry

33 커피의 3대 원종 중 인스턴트 커피 제조용으로 많이 이용되고 있는 품종은 무엇인가?

① Coffee arabica linne   ② Liberica

③ Coffee canephora   ④ Coffee stenophylla

34 브라질의 자연 건조 아라비카콩에서 주로 나타나며, 커피 열매가 나무에 달린 채 건조가 진행되는 과정에 효소가 열매에 작용하여 추출 후 소독내가 심하게 나는 향미의 결함은?

① 풀냄새(grassy)   ② 기름 냄새(hidy)

③ 요오드 향(rioy)   ④ 나무 맛(woody)

모의평가 문제3

35 커핑시 이용되는 용어들이다. 부적합한 설명은?

① Taste - 혀로 느낄 수 있는 커피의 단맛, 신맛 및 쓴맛
② Aroma - 후각으로 느낄 수 있는 커피에서 증발하는 냄새
③ Flavor - 입속에 커피를 머금었을 때 후각과 입속에 느껴지는 맛과 향
④ Aftertaste - 커피가 입 안에 있을 때 지속적으로 느낄 수 있는 커피의 감도는 맛

36 다음은 로스팅할 때 나타나는 변화를 설명한 것이다. 잘못된 것은?

① 당분이 증가한다.
② 커피콩의 수분 함량이 줄어든다.
③ 부피가 증가한다.
④ 쓴맛이 증가한다.

37 에스프레소 한 잔을 뽑을 때 과소 추출(Under extraction)의 원인이 아닌 것은?

① 기준량보다 원두량이 적을 때
② 탬핑이 약할 때
③ 분쇄 입자가 매우 작을 때
④ 분쇄 입자가 클 때

38 일반적인 에스프레소에 대한 설명이다. 부적절한 것은?

① 에스프레소란 다양한 추출 방식 중의 하나이다.
② 패킹, 탬핑, 분쇄 입자의 유기적인 조절로 커피의 향미를 컨트롤할 수 있다.
③ 강배전 된 원두를 이용하고 20~30초 동안 1oz를 추출한다.
④ 50kg의 기계적인 압력으로 커피를 다진다.

모의평가 문제3

39 커피의 산패 대한 설명 중 바른 것은?

① 커피가 공기 중에 산소와 결합하여 맛과 향이 변화하는 것을 말한다.

② 산패를 막기 위해선 원두를 냉장고에 보관하고, 분쇄 후 즉시 추출하는 것이 좋다.

③ 강배전 된 원두는 약배전된 원두보다 서서히 산화된다.

④ 멜라노이딘이 형성되면서 진행되는 과정이다.

40 디카페인 공정 중 '물 추출법'의 장점이 아닌 것은?

① 수증기 증류에 의해 용매를 제거하지 않아서 경제적이다.

② 카페인의 97~99%가 제거된다.

③ 추출 속도가 빠르기 때문에 카페인 순도가 높다.

④ 유기용매가 직접 생두에 접촉하지 않아 안전하다.

41 커피콩의 건열 반응(Dry Distillation)에 의하여 생성된 향기 성분이 아닌 것은?

① 바닐라 향기(Vanila-like)　　② 향신료 향기(Spicy)

③ 탄 냄새(Carbony)　　④ 송진 향기(Terpeny)

42 커피콩을 배전하면 당의 갈변화(caramelization)가 일어나 향기 성분이 생성된다. 다음 향기 중에서 배전도가 가장 높은 단계에서 생성되는 향기는?

① 볶은 곡류 향기(Malt-like)　　② 물엿 향기(Syrup-like)

③ 캔디 향기(Candy-like)　　④ 초콜릿 향기(Chocolate-like)

43 다음은 커피 향기의 강도를 나타내는 영어 단어를 한국어로 번역한 것이다. 이 중에서 잘못 번역된 것은?

① 향기 있는 - flat　　② 진한 향기 - rich

③ 부드러운 향기 - rounded　　④ 풍부한 향기 - full

모의평가 문제3

44 다음 화합물 중에서 커피의 짠맛을 나타내는 성분은?

① 캐러멜화된 당류　　　② 산화칼륨
③ 카페인　　　　　　　④ 카페인산

45 다음은 커피의 세 가지 기본 맛을 온도에 따라서 다르게 느껴지는 것을 설명한 것이다. 틀리게 설명한 것은?

① 높은 온도에서는 달콤한 맛이 현저하게 느껴진다.
② 짠맛은 온도가 높아지면서 상대적으로 약해진다.
③ 신맛은 온도의 영향을 받지 않다.
④ 단맛은 온도가 높아지면 상대적으로 약해진다.

46 다음은 커피에 함유된 지방을 설명한 것이다. 틀리게 설명한 것은?

① 커피의 지방은 커피의 전체적인 향기와 맛을 나타내는데 미묘하면서도 중요한 역할을 한다.
② 커피 추출액의 표면에 기름방울이 뜨면 추출액의 표면장력을 감소시켜서 부드럽고 매끄럽게 느끼게 한다.
③ 커피 내의 지방은 커피의 향기와 맛을 오염시키는 외부 변패 물질들을 운반해 오지 않다.
④ 지방은 커피의 향기와 맛 성분들을 운반한다.

47 다음은 커피에 쓴맛을 부여하는 트리고넬린에 대한 설명이다. 틀린 내용은?

① 카페인의 약 1/4 정도의 쓴맛을 나타낸다.
② 트리고넬린은 N-methyl betaine이라고도 한다.
③ 로스팅 중에 거의 분해되며 커피에 탄 냄새를 나타낸다.
④ 아라비카종보다 로부스타종의 생두에 더 많이 함유되어 있다.

모의평가 문제3

48 추출한 커피를 가열하면 일어나는 현상을 바르게 설명하지 못한 것은?

① 가열이 계속되면 향기 성분이 더욱 증발하여 김빠진(vapid) 커피가
된다.

② 기체 성분들이 증발하여 고소한 향기(nutty)를 가진 커피가 된다.

③ 가열이 더 계속되면 유기 성분들이 분해되어 시큼한 맛(acerbic)의 커
피가 된다.

④ 더 가열하면 짠맛(briny)에서 탄내(tarry) 그리고 불쾌한 금속 맛 등이
커피로열화된다.

49 커피를 구성하는 지방산 중에서 가장 많이 함유된 지방산은?

① 올레산　　　　　　　　② 스테아린산

③ 팔미트산　　　　　　　④ 미리스트산

50 다음 카페인에 관한 설명 중 틀린 것은?

① 아이스커피를 만들 때 뜨거운 커피에 얼음을 넣어 냉각시키면 백탁
현상이 일어나는데 이것은 저온에서 잘 녹지 않은 카페인과 클로로
겐산의 복합체가 응집, 석출하기 때문이다.

② 커피의 백탁현상을 방지하고 카페인과 클로로겐산의 복합체의 응집
을 피하기 위하여 얼음에 뜨거운 커피를 넣어 냉각시킨다.

③ 카페인은 낮은 온도에서 잘 녹으며 커피의 쓴맛을 나타낸다.

④ 카페인은 융점이 섭씨 238도이며, 물에 잘 녹는다.

51 커피 생두에 가장 많이 함유되어있는 성분은?

① Protein　　　　　　　② Carbohydrate

③ Mineral　　　　　　　④ Lipid

모의평가 문제3

52 고객에게 커피 제공 시 커피잔의 손잡이 방향이 옳은 것은?

① 12시 방향 ② 3시 방향

③ 5시 방향 ④ 9시 방향

53 커피에 Suger, Cream을 넣을 경우 마시기에 적정 온도로 알맞은 것은?

① 약 80~85℃ ② 약 70~75℃

③ 약 60~65℃ ④ 약 50~55℃

54 고급의 커피를 블랙으로 마실 경우 커피의 맛을 음미할 수 있는 가장 적당한 온도로 알맞은 것은?

① 85℃ ② 75℃

③ 65℃ ④ 55℃

55 레귤러 컵의 용량으로 알맞은 것은?

① 180~250cc ② 160~180cc

③ 100~150cc ④ 80~100cc

56 커피의 맛을 결정하는 요인이 아닌 것은?

① Green Bean의 질 ② Roasting

③ Blending ④ Coffee Shop의 위치

57 커피콩 보관 방법으로 옳은 것은?

① 밀폐용기에 넣고 차고 어두운 곳에 보관한다.

② 공기와 습기가 있는 곳에 보관한다.

③ 햇볕이 적당히 들어오는 곳에 보관한다.

④ 커피를 한꺼번에 많이 갈아서 냉동 보관한다.

모의평가 문제3

58 음료의 분류 중 커피는 어디에 속하는가?

① 청량음료   ② 기호 음료
③ 영양음료   ④ 혼성주

59 커피 서비스 방법에 대한 설명 중 틀린 것은?

① 고객에게 커피를 서비스할 때 먼저 미소를 띠고 인사를 한다.
② 고객의 왼쪽에서 제공하고 여성에게 우선 서비스한다.
③ 고객의 오른쪽에서 제공하고 시계방향으로 서비스한다.
④ 커피를 제공할 때 커피가 흘러넘치지 않도록 한다.

60 카푸치노나 카페라테에 쓰는 스팀 밀크의 온도로 알맞은 것은?

① 약 83~87℃   ② 약 73~77℃
③ 약 63~67℃   ④ 약 53~57℃

모의평가 문제3

정답
01. ②	11. ③	21. ①	31. ④	41. ①	51. ②
02. ③	12. ④	22. ①	32. ②	42. ④	52. ③
03. ④	13. ③	23. ②	33. ③	43. ①	53. ③
04. ③	14. ②	24. ④	34. ③	44. ②	54. ④
05. ④	15. ③	25. ③	35. ④	45. ①	55. ③
06. ②	16. ②	26. ①	36. ①	46. ③	56. ④
07. ③	17. ①	27. ④	37. ③	47. ④	57. ①
08. ③	18. ③	28. ③	38. ④	48. ②	58. ②
09. ④	19. ①	29. ①	39. ①	49. ③	59. ②
10. ④	20. ④	30. ④	40. ②	50. ③	60. ③

메뉴 레시피

에스프레소(Espresso)

- 16~20g 원두
- 20~30초안 30ml 추출한다.
- 데미타세잔에 담는다.
- 처음 먹는 사람은 설탕 1~2ts 첨가하여 먹는다.(커피의 본질)

리스트레토(Ristretto)

- 기분 좋은 신맛
- 16~20g 원두
- 15~20초안 15~20ml 추출한다.
- 커피에 약한 체질에 권한다.

룽고(Lungo)

- 씁쓸한 뒷맛을 살려라.
- 16~20g 원두
- 35~40초안 35~45ml 추출한다.
- 카페인 함량이 많고 물맛이 강하다.

도피오(Doppio)

- 16~20g 원두
- 25~30초안 60ml 추출한다.
- 단맛이 도는 케이크
- 이탈리아의 숙취해소용

아메리카노(Americano)

- 에스프레소 30ml
- 머그잔 250ml 뜨거운 물
- 살살 돌려가며 붓는다.

부드러운 아메리카노(Americano)

- 리스트레또 15ml
- 머그잔 250m 뜨거운 물
- 살살 돌려가며 붓는다.

강한 아메리카노(Americano)

- 룽고 혹은 도피오를 추출한다.
- 머그잔 뜨거운 물 250ml
- 살살 돌려가며 붇는다.

아이스 에스프레소(Espresso)

- 에스프레소 60ml 추출
- 얼음이 담긴 쉐이크 안
- 흔들기 + 잔 담기
- 약간의 설탕 시럽

에스프레소(Espresso) 쇼콜라

- 에스프레소 30ml 추출
- 잔에 초코소스 1펌핑
- 초코가 녹게 젓는다.
- 우유 살짝 넣는다.
- 마무리로 초코 파우드 첨가

카라멜 라떼

- 카라멜시럽 2펌프
- 에스프레소 1잔 추출
- 라떼 스팀우유

카페 모카

- 에스프레소 1잔 추출
- 우유 4oz + 초코소스 1펌프 스팀으로 데우고 혼합
- 생크림
- 초코소스, 코코렛 파우더 토핑

화이트 모카

- 에스프레소 1잔 추출
- 우유 4oz+화이트 초코소스 1펌프 스팀으로 데우고 혼합
- 생크림
- 화이트 초코 소스 토핑

아이스 아메리카노

- 리스트레토 2잔 추출
- 냉수 6oz + 얼음
- 쉐이킹한다.

아이스 카페 라떼

- 리스트레토 2잔 추출
- 우유 5oz + 얼음
- 쉐이킹한다.

아이스 카푸치노

- 리스트레토 2잔 추출
- 우유 4oz + 얼음
- 쉐이킹한다.(강하고 빠르게)
- 시나몬 파우더 토핑

아이스 바닐라 라떼

- 리스트레토 2잔 추출
- 우유 5oz +바닐라시럽 2펌프 + 얼음
- 쉐이킹한다.

아이스 카라멜 라떼

- 리스트레토 2잔 추출
- 우유 5oz +카라멜시럽 2펌프+ 얼음
- 쉐이킹한다.

아이스 카페 모카

- 리스트레토 2잔 추출
- 우유 4oz + 초코소스 1펌프 + 설탕 시럽 1펌프 + 얼음 쉐이킹한다.
- 생크림
- 초코소스, 초코파우더 토핑

메뉴 레시피

아이스 화이트 모카

- 리스트레토 2잔 추출
- 우유 4oz + 화이트초코 소스 1 펌프 + 설탕시럽 1펌프 + 얼음 쉐이킹한다.
- 생크림
- 초코소스, 초코파우더 토핑

생크림 제조법

- 휘핑크림 8oz + 시럽 2펌프 질소가스 충전 후 세게 흔들어 단단하게 휘핑.
- 몇 번 사용 후 가스 빼서 버리기(고무 패킹 마모 방지)

에스프레소 마끼아또

- 잔 워밍
- 리스트레또 1잔
  ㄴ. 20~25ml 추출
- 우유거품 투입
  (커피 : 우유 : 우유거품=1 : 1 : 1)

카푸치노

- 에스프레소 1잔 추출
- 카푸치노 스팀우유
  (우유 : 우유거품 = 1 : 1)
- 시나몬 파우더 토핑
  (계피가루와 설탕 1 : 1로 혼합)

카페라떼

- 에스프레소 1잔 추출
- 라떼 스팀우유
  (우유 : 우유거품 = 4 : 1)

바닐라 라떼

- 바닐라시럽 2펌프
- 에스프레소 1잔 추출
- 라떼 스팀우유

핫초코

- 초코소스 2펌프+ 우유 6oz 스팀 우유
- 초코소스 토핑

화이트 초코

- 화이트 초코 소스 2펌프+ 우유 6oz 스팀 우유
- 화이트 초코 소스 토핑

녹차라떼

- 녹차 파우더 1스푼(20g)
- 우유 6oz스팀
- 녹차가루 토핑하면 더욱 좋다.

아이스 초코

- 초코소스 2펌프 반
- 우유 6oz 저어서 녹인 후 얼음 넣고 쉐이킹

아이스 화이트 초코

- 화이트 초코 소스 3펌프
- 우유 6oz 저어서 녹인 후 얼음 넣고 쉐이킹

아이스 녹차라떼

- 녹차 파우더 2스푼(30g)
- 우유 6oz 저어서 녹인 후 얼음 (150g) 넣고 쉐이킹

고구마 라떼

- 고구마 페이스트 1스쿱(아이스크림 스쿱으로)+ 우유 5oz 넣고 저속으로 블랜딩해서 풀어주기
- hot : 믹싱된 것 스팀
- Ice : 슈가시럽 1펌프 + 얼음 넣고 쉐 이킹

비엔나 커피

- 뜨거운 물 180~200ml
- 에스프레소 30ml(기호에 따라 설탕)
- 휘핑크림을 올린다.

아이스 비엔나 커피

- 에스프레소 30ml
- 얼음을 넣은 차가운 물 200ml 충분히 섞어준다.
- 잔의 벽을 따라 휘핑크림

아이스 라떼 비엔나

- 에스프레소 30ml
- 얼음을 넣은 차가운 물+우유
- 충분히 섞어준다.
- 잔의 벽을 따라 휘핑 크림

모카치노

- 에스프레소 30ml
- 초코소스 1펌프
- 충분히 섞어준다.
- 우유와 거품 충분히
- 시나몬 초코 파우더 뿌린다.

카퍼 카라멜

- 카라멜소스 1펌프
- 에스프레소 1잔 추출
- 라떼스팀우유 180ml
- 휘핑크림
- 크림 위 케러멜 소스&견과류

메뉴 레시피

카라멜 마키 아토
- 카라멜 소스 1펌프
- 에스프레소 1잔 추출
- 잘 저어 준다.
- 우유만 넣고 위에 거품만
- 케러멜 소스로 모양 내기

카페 화이트 모카
- 에스프레소 1잔 추출
- 잔에 화이트 초코 1펌프
- 잘 녹인다.
- 더운 우유
- 휘핑 크림

아이스 카페 카라멜
- 카라멜 소스 1펌프
- 에스프레소 2잔 추출
- 잘 녹인다.
- 얼음에 찬우유 200ml 우유
- 휘핑 크림
- 캐러멜 소스로 모양 내기

아이스 캐라멜 마키야토
- 거품기로 우유 120ml
- 얼음을 넣은 잔 우유 거품만
- 잘 녹인 캐러멜 1 +커피 2
- 거품 위 캐러맬 소스 모양

모카 프라푸치노
- 에스프레소 60ml 믹스 in
- 초코소스 1 + 차가운 우유 90ml
- 얼음 10~12개 바닐라 아이스크림 1스쿱
- 돌리고 잔에 붙는다.
- 휘핑크림
- 초코 파우더 뿌린다.

아포 카토
- 에스프레소 2잔
- 잔에 아이스 크림
- 아이스크림 위 에스프레소 뿌린다.
- 쿠키 혹은 견과류 뿌린다.

아이리쉬 커피
- 에스프레소 30ml
- 잔에 레몬즙
- 슈가 묻히기
- 잔에 뜨거운 물 180ml
- 아이리쉬 위스키 15ml
- 설탕 조금 넣고 젓기+휘핑

커피 콕
- 에스프레소 30ml
- 얼음잔 콜라 200ml
- 에스프레소 넣어 잘 젓기

카페 깔루아
- 에스프레소 60ml
- 얼음잔에 우유 100ml
- 깔루아 1oz
- 에스프레소를 넣는다.

민트 초코 카페라떼
- 에소프레소 60ml
- 민트 1TS 초코 2/1 펌프
- 에스프레소
- 잘 데운 우유
- 민트로 장식

아이스 고구마 마키아토
- 에스프레소 30ml
- 우유 180ml + 고구마 퓨레 80g 믹스 기로 갈기
- 얼음 위에 담기
- 에스프레소 붙기

샌디
- 맥주 100ml
- 레모네이드 100ml

레드 아이
- 맥주 100ml
- 토마토 쥬스 100ml

쌈사
- 에스프레소 30ml
- 사이다 150ml
- 시럽 1펌프

소이 라떼
- 커피 30ml
- 두유 180ml

마시멜로 커피
- 커피 120ml
- 마시멜로를 띄운다.

카페 만다리나
- 커피 120ml
- 오렌지 껍질 + 시나몬 스틱
- 냄비에 올린 후 휘핑크림 30g

카페 드 시트론
- 커피 120ml
- 그레나딘 15ml
- 레몬 1조각

메뉴 레시피

에스프레소 다반

- 에스프레소 30ml
- 설탕 2스푼
- 휘핑크림 3스푼 or 휘핑크림
- 우유

에스프레소 콘빠냐

- 에스프레소 30ml
- 휘핑크림

녹차프라페

- 녹차라떼 30g + 스키니 바닐라 20g + 우유 180ml + 얼음 200g 블랜딩
- 25″ 블랜딩
- 휘핑 가능

녹차스무디

- 녹차라떼 50g + 우유 180ml + 얼음 200g 블랜딩
- 25″ 블랜딩

녹차요거트

- 녹차라떼 40g + 요거또래 20g + 우유 180ml+얼음 200g 블랜딩
- 25″ 블랜딩

녹차버블티

- 녹차라떼 30g + 우유 180ml + 타피오카 펄 40g + 얼음 150g

홍차라떼

- 홍차 파우더 1스푼(20g)
- 우유 6oz스팀
- 녹차가루 토핑하면 더욱 좋다.

아이스 홍차라떼

- 홍차 파우더 2스푼(30g)
- 우유 6oz 저어서 녹인 후
- 얼음(150g) 넣고 쉐이킹
- 시나몬 스틱 사용가능

홍차프라페

- 홍차라떼 25g + 스키니 바닐라 20g + 우유 180 ml + 얼음 200g 블 랜딩
- 25″ 블랜딩
- 휘핑 가능

홍차스무디

- 홍차라떼 40g + 우유 180 ml + 얼음 200g 블랜딩
- 25″ 블랜딩

홍차요거트

- 홍차라떼 30g + 요거또래 20g + 우유 180 ml + 얼음 200g 블랜딩
- 25″ 블랜딩

홍차버블티

- 홍차라떼 30g + 우유 180 ml+ 타피오카 펄 40g + 얼음 150g

고구마 마끼아또

- 고구마 페이스트 70g (아이스크림 스쿠퍼로)+ 우유 5oz 넣고 저속으로 블랜딩해서 풀어주기
- 스팀우유 거품
- 에스프레소 1oz

블루베리티

- 블루베리 믹스 25g + 물 180 ml
- 블랜딩

블루베리에이드

- 블루베리 믹스 50g + 물(탄산수) 180ml
- 블랜딩
- 얼음 150g

레몬티

- 레몬드링크베이스 40ml + 물 180ml
- 블랜딩
- 레몬 한 조각

레몬에이드

- 레몬드링크베이스 70ml + 물(탄산수) 180ml
- 블랜딩
- 얼음 150g

레몬브레이크

- 레몬드링크베이스 100ml + 물 50ml + 얼음 180g
- 15″ 블랜딩

카페 바리스타 실기

저자소개

홍승우

- 호텔외식경영학 석사
- 관광학 박사
- ㈜맥도날드 코리아, 운영부
  현) 서원대학교 겸임교수
    서라벌대학교 겸임교수
    중소기업청 소상공인진흥원 마케팅 컨설팅위원
    중소기업청 소상공인 컨설팅위원
    신라직업전문학교 바리스타교수
    한국 조리사협회 경북지회 이사
    한국 차문화 연합회 이사
    한국 능률 협회 바리스타 심사 위원
    커피 마스터(한국 능률협회)
    커피 지도사(한국 능률 협회)
    한국 커피 검증 문제 출제 위원

  전)㈜맥도날드 코리아, 운영부
    경주대학교 외식 경영학과 교수
    전주기전대학교 호텔소믈리에 바리스타과 교수

기타 저술 및 논문 다수

최용석

- 경주대학교 외식조리학부 교수
- 우송대학교 호텔외식경영학과 교수
- 서원대학교 호텔외식조리학과 교수
- 영남대, 전남대, 대구가톨릭대, 창원대 최고경영자과정 출강
- OGM외식경영컨설팅 기획팀 팀장
- ㈜놀부NBG, 전략기획 팀장
- 미국 Excalibur Casino & Hotel, 식음료부 근무
- 힐튼호텔 서울, 식음료부 근무
  현) 대구가톨릭대학교 외식조리과 교수
    미국. 네바다주립대학교 호텔경영 학사
    경기대학교 대학원 외식경영전공 석사, 박사
    (사)한국외식경영학회,(사)대한관광경영학회,(사)한국관광학회 이사
    (사)한국식공간학회 논문편집위원
    중소기업청 소상공인진흥원 경영컨설턴트
    경상북도 으뜸음식점 선정위원
    경상북도 식품박람회 선정위원
    (사)한국능력교육개발원, 음료자격심사위원
    (사)아티산기능인협회, 음료자격심사위원

전문 바리스타인을 위한 길잡이

카페 바리스타 실기

초판 1쇄 발행 2018년 3월 10일
2 판 1쇄 발행 2020년 2월 20일
3 판 1쇄 발행 2023년 2월 25일

저　　자 홍승우 · 최용석
펴낸이 임순재
펴낸곳 (주)한올출판사
등　　록 제11-403호
주　　소 서울시 마포구 모래내로 83(성산동, 한올빌딩 3층)
전　　화 (02)376-4298(대표)
팩　　스 (02)302-8073
홈페이지 www.hanol.co.kr
e - 메 일 hanol@hanol.co.kr
ISBN 979-11-6647-316-6

- 이 책의 내용은 저작권법의 보호를 받고 있다.
- 잘못 만들어진 책은 본사나 구입하신 서점에서 바꾸어 드립니다.
- 저자와의 협의 하에 인지가 생략되었다.
- 책값은 뒤표지에 있다.

카페 바리스타 실기